もっと!

「育ちがいい人」だけが知っていること

「マナースクールライビウム」代表
諏内えみ

ダイヤモンド社

はじめに

「マナーの本に書かれていないようなことで、〝これは正しい？ 正しくない？〟とわからないことがたくさんあるんです。それを教えていただけませんか？」

前作、『「育ちがいい人」だけが知っていること』の担当編集・Nさんが初めてスクールに来られたとき、私はすぐに「そうなんです！ 私がお伝えしたかったのもそちらなのです」と申し上げました。

私が主宰する「マナースクールライビウム」そして「親子・お受験作法教室」では、みなさまにマナーと品性を感じさせる美しいふるまいをお教えしています。

スクールの生徒さんたちは、婚活、お受験、就職、冠婚葬祭など、人生の大事な場面できちんとふるまえるようになりたいということでお越しになります。

しかし実際のレッスン時には、「マナー以前のしつけや常識」と思われることや、日常生活のちょっとした所作や言葉遣いに自信がないとか、気遣いができているか不安、というお声を非常にたくさんお聞きし、こういうこともお知りになりたいのだと感じておりました。

人と人とのおつきあいというのは、何もあらたまった場所だけでなく、ご近所、職場、公共の場、旅先など、生活のあらゆるシーンにあり、そういったすべての場面でその方の人となりが表れます。

意識することさえせずに、何気なく行っている受け答えや所作、ふるまいに人の本質は表れます。そして、言葉ではなくても、「あなた」という人の多くを物語ります。

「素敵な方ね」

「意外と常識のない方で残念だわ」

この印象の差は、本当に些細なことから生まれるのです。

もしも、ご自分が伝えたいと思っているメッセージと逆のことを、あなたのふるまいが伝えてしまっていたら？　よかれと思って言ったことが、言葉遣いのせいで思いとは違う受け止められ方をしてしまったら？　とても残念なことですね。

これはお困りの方が多くいらっしゃるはず、マナー以前の「育ち」についてきちんとお伝えさせていただきたい——そう思い、前作の執筆を決めました。

「育ち」というと、「一生変えられないもの」「持って生まれた運命」と考えていた方も多いと思います。

また、大人になっても常識や礼儀が身についていないと恥ずかしく思い、今さら聞くのも憚《はばか》られるという空気もあったかもしれません。

ですが、私は前作でお伝えしたとおり、「育ち」は一部の特別な方だけのものとは考えていません。

「育ち」はその方の佇まい。所作や美しいふるまいを知っているかいないかだけのこと。だから、「育ち」は変えることができる、ということをここで改めて繰り返しておきたいと思います。

そんな私の思いに共感いただけたのか、前作は予想以上に多くの方に手に取っていただくことができました。さらに、「こんなときはどうしたらいいのでしょう?」「先日、こういうことがあって、どちらが正解か迷いました」といった声を、いっそう多くいただくようになりました。

実際、マナー講師として活動していても、世の中が進むにつれ、これまでマナーとされてきたことでも、相手や状況によって臨機応変に対応を変えなければならないことが増えてきたように感じます。

そこで、改めて今、必要とされるふるまいについて、続編である本書を著すことになりました。日々の生活やお仕事、おつきあいの中で、多くの方が、「こんなとき、育ちがいい人ならどうするの?」と思う場面はまだまだたくさんあるはずです。

本書では、お食事、訪問、ビジネスシーン、ショッピングといった日常の場面でのふるまいから、話し方、見た目などに表れる育ちについて、あまり知られていないこと、また、判断に迷うことなど新たに264の場面を想定し、その一つひとつに、育ちがいい人が行う対応やふるまいを示しました。

さらに、最近よく問題になるSNSでのおつきあいや、感染対策における気遣いなど、今必要とされる考え方についてもお伝えしています。

常識やマナーといったものは、時代によって移り変わっていくもの。

ですが、

- **相手の方を思いやる心**
- **自身も周りの方も心地よくいられるふるまい**
- **伝えるべきことは、節度と品格を保ち主張できる姿勢**

といった、育ちがいい人のふるまいの軸となるものは、いつの時代でも変わらないでしょう。

そしてそれさえあれば、多くの方が判断に迷うシーンでも適切な対応ができますし、いかなるときも自信を持って美しくふるまえるのです。

本書が、みなさまにこのような軸を持っていただける一助となれば、私はたいへん幸せに思います。

目次

ほめるとき

話し方

気遣い

謝罪

お断り

第3章 所作・ふるまい

第4章 食事の場で

レストラン

和食

お寿司

カジュアルな外食

食べ方に迷うもの

和菓子・スイーツ

アフタヌーンティー

column

第5章

公共の場でのふるまい

第6章 おつきあい

お招き

業者の方への対応

引越し・お祝い

お見舞い

どんな場でも人に違和感を抱かせず、
品と華やかさを兼ね備えた装い。
それが、育ちがいい人の服選びの基本です。
その場にふさわしい服装を選択できること。
改まった場での正しい装いの知識があること。
丁寧に暮らしていることが垣間見え、
細部まで手入れが行き届いていること。
品と余裕を感じさせること。
清潔感があること。
季節感を大切にしていること。
これらをおしゃれよりも優先できている人は、
育ちのよさを感じさせます。

第1章

見た目

装い

1 ここぞというとき、間違いない装い

ビジネスでの接待、婚活、目上の方との食事や、彼の家への初訪問など、大切な場面での装いは、悩ましいもの。パンツではカジュアルすぎるし、タイトスカートでは堅苦しすぎると感じる場では、上品で育ちがいい印象を与えられるフレアやギャザースカートがおすすめです。

ワンピースもきちんとして見え、上下のコーディネートも考えなくて済むので助かります。しかしデザインやフィット感によってはソファなどに座ったとき、裾が上がってきてしまいますから、丈の長さには十分注意が必要。その点、フレアやギャザースカートなら、どういう場所に行くかわからないときでも安心です。

2 パンツはフォーマル度が下がる

パンツスタイルは、フォーマル度がやや下がると考えられています。ご高齢の方がフォーマルな場にドレッシーなパンツスーツを着用されるのはその限りではありませんが、若い方が、目上の方や彼のご両親に会うときは、パンツは避けるのが無難です。また、スカートの場合でもレギンスを合わせるのは避けましょう。一気にカジュアルになり、年配の方や男性にあまり好ましい印象を与えないようです。

トレンドやおしゃれ感覚だけで服装を選ばないのが、育ちのよさです。

3 上半身を華やかに

会食やお見合いの席の装いで気にしたいのは、襟元や胸元など、上半身のおしゃれです。どんなに華やかなスカートでも、座ってしまえばテーブルに隠れて見えませんから、座っている時間が圧倒的に長い場面では、トップス選びが重要なのです。

特に、フリルやレース仕様のもの、シフォン生地などは男性が絶対に身につけないものですから、とても女性らしく映りますよ。

4 セミフォーマルにカシミアは避ける

上質なカシミアニットは、品よく素敵に見えますね。ラウンドネックやタートルネックのセーターとカーディガンの組み合わせは、若い方から年配の方までちょっとしたお出かけに重宝されているようです。

ですが、どんなに品質のよいカシミアでも、ニットはフォーマル、セミフォーマルにはふさわしくありませんから、場面に合わせてチョイスしてください。

ドレスコードが「スマートカジュアル」のレストランのランチタイムでしたらまったく問題ありません。ただ、ディナータイムはレストランのランクによっては、ふさわしくないこともあります。

5 麻素材も気をつけて

麻の生地の春夏ウェアは、見た目も肌ざわりもよく、私も好きな素材です。リラックス感、くつろぎ感に上品さも持ち合わせた麻のジャケット類は、崩れ過ぎないリゾートの装いにもピッタリです。しかし、いったん袖を通したらすぐにシワができますし、スカートやパンツも、一度腰かければ座りジワは免れません。このような理由から、麻は正式な場にふさわしい素材とは言えません。

購入するときは、フォーマルには着ないとわりきって麻ならではのシワを楽しみ味わうか、または麻混にして適度にシワを抑えるかなど、素材表示をしっかりと確認したうえで選びましょう。

6 目上の方と会うとき、ブランドバッグはNG？

お稽古の先生や先輩、彼のご家族とのお食事会、ご主人の実家への帰省、あるいは親族との会食に、高価なブランド品を持っていっていいか、迷ったことはありませんか？　とくに、結婚前や結婚後間もない頃は、義理のお母さまやご姉妹に最も気を遣う時期かもしれません。ブランドロゴが目立つバッグや明らかに高価なものは考えもの。お会いする方の価値観や持ち物の好みを察知し、合わせられる。このさじ加減が上手な方が「育ちがいい人」です。

7 目上の方に失礼な服装

とくに目上の方とお会いするときの服装で大切なのは、相手の方に不快感を与えないこと。そして、相手を敬う気持ちを表す装いであることです。次のようなアイテムは失礼と捉える方もいらっしゃるので、なるべく避けましょう。

- ノースリーブ、キャミソールなど露出が多いもの
- リュック
- 食事中のつばの広い帽子

- 高すぎるハイヒールやピンヒール
- プラットフォームシューズ
- スニーカー
- ジーンズ、デニム素材
- カラータイツ、網タイツ
- 靴下やハイソックス
- アンクレット、ミサンガ
- 複数のピアス
- サングラス
- 明るすぎる茶髪
- 長すぎる爪
- 派手なネイルアート
- ブランドがはっきりわかるバッグ
- 強い香水
- エレガント仕様でないダウンコート

8 3週間どなたにも見せられるネイルか

春は桃の花や桜、夏はマリンカラーにトロピカルモチーフ、秋は落ち葉色やハロウィンアート、冬はクリスマスツリー……季節や行事に合わせて遊ぶネイルアートは女性の楽しみのひとつ。ただし、同僚や友人に好評だとしても、ほかにもさまざまな方とお会いすることを考えておかなければなりません。ジェルネイルはマニキュアと違い、思い立ってすぐにはオフできないことも想定しておきましょう。

9 では、マニキュア、ジェルはしないのがマナーか？

それなら、爪のおしゃれは何もしないことがマナー？　いいえ、爪もきちんとドレスアップすべきシーンがあります。とくにフォーマルで、なおかつ華やかさを求められる場面では、装いのレベルに合わせたネイルも、女性の身だしなみ、マナーのひとつとして求められます。医療関係の方やエステティシャンなど、仕事上の理由で普段ネイルをしない方も、すぐに自分でオフできるマニキュアやつけ爪を利用すれば、指先のおしゃれを諦める必要はありませんね。

10 夏のペディキュアはマスト

手のネイルカラーは職業柄NGな方もいらっしゃいますが、足のペディキュアでしたら問題なく塗れる方がほとんどでは？ それなのに何もケアされていない足を見ると、とてももったいなく感じます。足先のほんの一部である爪の身だしなみやおしゃれが、その方全体のイメージを意外なほど大きく左右します。とくに、オープントゥのパンプスやサンダルのときには「ペディキュアなしはあり得ません」とお伝えしているほど。春夏の季節でなくとも、和室やフィッティングルームに入る際など靴を脱ぐ機会はありますから、常に整えておきたいもの。パンプスを脱いだストッキング越しに一瞬見えるペディキュアのカラー……女性の品やエレガンスはそんな細部に宿ります。

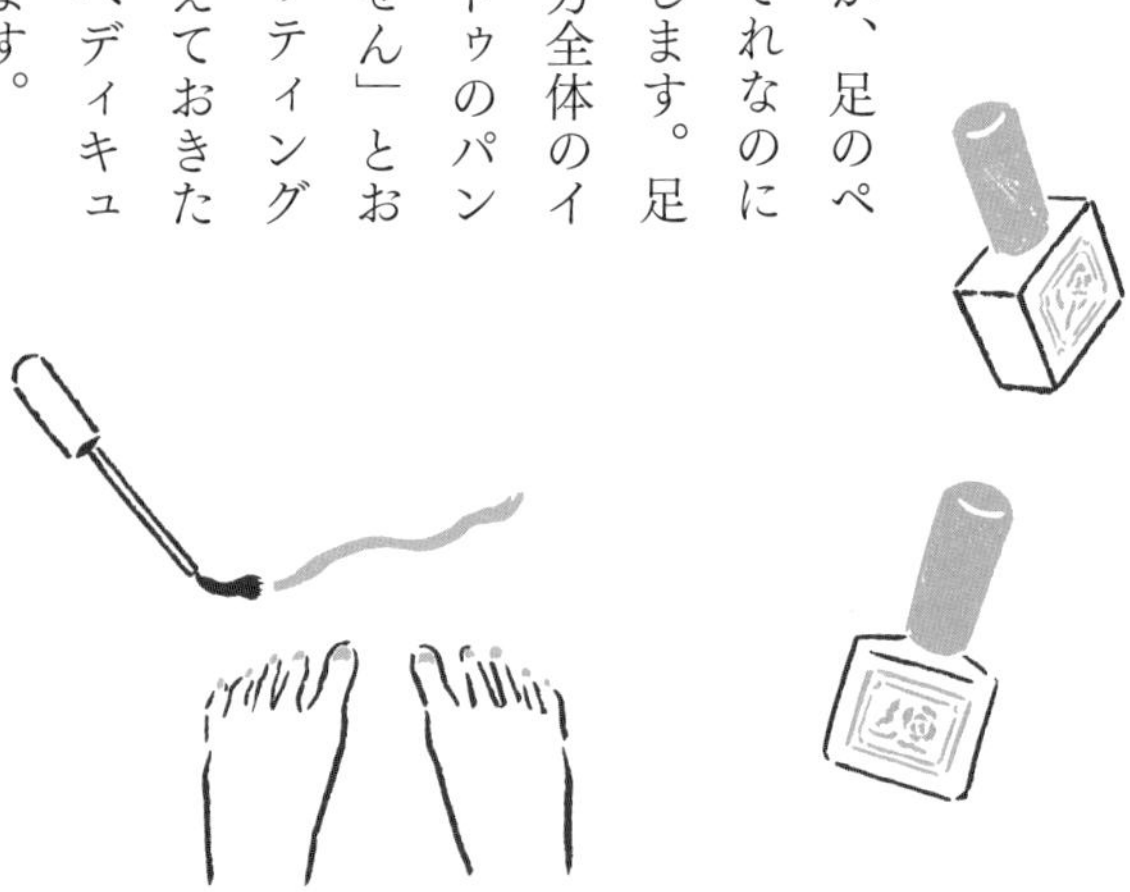

みだしなみ・生活

11 レディはハンカチを2枚持つ

バッグの中にハンカチは何枚入っていますか？ きれいなハンカチを持っておくのは女性のたしなみ。しかし、洗面所などで手を拭いたり、汗をぬぐったりしたものは、その後に続けて使いたくはないですよね。

また、ハンカチは人にお貸しすることもあるでしょう。それがすでに使った後の湿っぽいハンカチだったら、借りた方も心地よくないはず。そこで、いつも2枚持つようにすると安心です。「男性がハンカチを持つのは女性に貸すため」ともいわれますが、女性であってもどなたかにお貸しすることを想定して、予備を持ち歩く心遣いを。

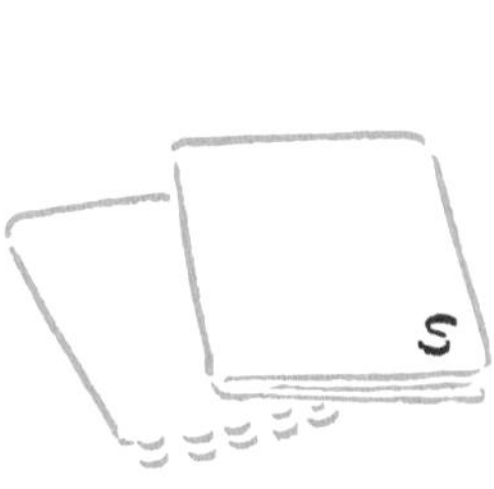

12 白い上質なハンカチを1枚用意しておく

冠婚葬祭や改まった場面で、カラフルなハンカチでは常識が疑われてしまいますね。大人の女性として、質の高いフォーマル用の白いハンカチを用意しておきましょう。イニシャル刺繍の入ったものなども素敵です。何事も、いざというときにあわてなくていいように備えておくことが、育ちのよさにつながります。

13 街で配られたティッシュを使うときは

街角で配られているティッシュの袋には、広告の印刷物が挟まれていることが多いので、取りはずして使いましょう。また、布製のティッシュケースに入れている方は、とても丁寧で余裕ある印象なのですが、そのティッシュケースが汚れていたり古くなっているとかえって清潔感のないイメージに映ります。ご注意くださいね。

14 脱いだ服をそのままにしない

出かける前に着ていた部屋着やパジャマをベッドの上にポンと置く。また帰宅後、脱いだコートやジャケット、バッグや小物類をソファや椅子に置いたままにする。「今は時間がないから」「忙しいから後で」と思っても、すぐにたまっていきがちです。

一度どこかに置いたものを、時間が経ってからハンガーにかけたりクローゼットにしまうのはかえって手間になります。脱いですぐにしまえば、部屋が片付いた状態をキープでき、常に気持ちいい余裕ある空間で過ごせますね。

何よりも「ああ、片付けなくっちゃ……」と思うプレッシャーや憂鬱さが解消され、知らぬ間に味わっている小さなストレスも回避できますよ。

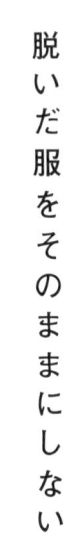

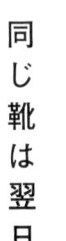

15 同じ靴は翌日履かない

同じ靴を二日続けて履いていませんか？　一日履いた靴は、乾くまでに意外と時間がかかるといわれています。同じ服を連日着ないのと同じように、靴も休ませることで、よい状態を長く保てますし、なにより気持ちよく履けますね。

16 兼用ばかりだとずぼらに

慌ただしい日々を送る私たちにとって「兼用」のグッズは便利なものです。ですが、兼用のものは、おのずとその効果や機能といった質が下がることも少なくなく、また、「ずぼらさ」や「だらしなさ」につながっていくことも。

湯飲みやティーカップを使わず、緑茶でもコーヒーでもマグカップひとつで済ませてしまう。和食も洋食も万能なワンプレートで。名刺入れを使わず、社員証や交通カード入れと兼用にしてしまう……など、丁寧な生活ができているか、時折、ご自分で見直してみて。

17 しおりを使う人には余裕を感じる

本の読みかけのページに、どのように印をつけていますか？　購入時に挟んであった書店のしおり？　それとも本のカバーの折り返し部分？　あるいはポストイット？

間に合わせのものではない美しいしおりを使っている女性は、心の余裕や育ちのよさまでも感じさせるもの。

本好きな方に、革製や銀製のちょっと特別感のあるしおりをプレゼントなさるのもおすすめです。

18 封書の開封はペーパーナイフで

結婚式や展示会などの招待状を開封するとき、手で開いてビリビリに破いてしまうのはあまりに粗雑ですし、その後の見た目もよくありません。ハサミも中身を傷つけてしまう可能性がありますから、ぜひペーパーナイフを用意しましょう。

ダイレクトメールや請求書、さまざまなお知らせなど、日常生活で封を切る機会は意外と多いもの。封を開けるためだけのペーパーナイフを持つことは、あなたの生活を優雅に、そして豊かにしてくれるでしょう。

正しく美しい敬語を使う。
簡単な言葉で済ませない。
適切な話題選びができる。
ネガティブな話題や空気を、しなやかに切り抜ける。
断るべきときは、毅然と伝えられる。
自分の意見を持ち、言葉にできる。
相手に恥をかかせない。
言いにくいことを上手に伝えられる。
これらのことができていますか?
「育ちがいい人」は、品だけでなく知性を併せ持っているもの。
言葉遣いのバリエーションは、大人になるほど必要ですし、
あなたの頼もしい武器にもなるのです。

第2章

話し方

話題

19 お住まいを聞くのは失礼か

会話のきっかけとして「お住まいはどちらですか?」「最寄り駅は?」と尋ねることがあります。しかし、相手の方は具体的な場所を答えたくない場合も。初対面でお会いしたばかりでしたらなおさらでしょう。

そんなとき、相手に失礼なく、大人として使えるのが「こちらからはお近くでいらっしゃいますか?」という聞き方。

個人情報については少しぼかして尋ね、広い範囲でお答えいただけるよう配慮しましょう。相手の方が答えを濁したら、それ以上はお聞きしないほうがよいということです。

20 ご主人の会社名は聞いてもいい？

相手の方やそのご家族の職業を聞くときも「ご主人のお仕事は何？」「何ていう会社？」とストレートに聞かず、遠回しに尋ねる言葉を選びたいもの。

「ご主人様はどのような関係のお仕事ですか？」など広範囲で尋ねるのが育ちがいい人です。

21 ママ友に子どもの受験の話はタブー？

幼稚園受験、小学校受験をはじめ、中学、高校、大学など、お子さんの進路もデリケートな話題です。子どものことを聞かれた方は、ご自身のことを聞かれたときよりいっそうナーバスになってしまうもの。

そのようなときは、「みなさん、どうなさるのかしら」とぼかしたり、「まだ決めてないのよ」とお答えするのがよいでしょう。

そもそも、「おたくは受験なさるの？」「〇〇ちゃん、どこ受けるの？」など、配慮のない質問をするママ友との交際は、考えたほうがいいかもしれませんね。

もしかして
〇〇ちゃんは
〇〇中学
かしら〜？
まだ決めて
ないの……

22 うわさ話への対応

あまりよくないうわさやゴシップを聞かされたとき、対応に困ってしまいますね。「まあ！ それはひどいわね」「信じられない。いやね」などと同調してしまうと、あとで「○○さんもこう言っていた」ということになりかねません。

こんなときは肯定も否定もせず、「そうだったのね」と事実だけを受け止めるのが賢明です。また、「そういうことがあったのね。ところで……」とまったく別の話題に切り替えてしまっても。

「うわさ話は好まない人」と相手が気づき、「こんな品のない話をしてしまって私、恥ずかしいわ」と反省してくれるかもしれません。

23 答えたくないことを聞かれたら？

「結婚しないの？」「仕事は決まった？」「そろそろお子さんは？」など、相手に悪気はないとわかっていても、聞かれたくないこと、触れてほしくない話題もあります。

そんなとき、どう反応するのがよいでしょう？

「それを言われるとつらいんですよね……」「最近よく聞かれるけど、お答えしなくていいかしら？」と言ってしまうのもひとつ。相手の方も不躾で失礼な言葉だったと気づいてくれるはずです。

24 社交辞令はほどほどに

「今度お食事しましょう」「ぜひ飲みに行きましょう。ご連絡します」は、多くの方にとってもはや挨拶言葉。単なる社交辞令という認識になっていると思います。しかしなかには、そうは受け取らずあなたからのお誘いを待っていたり、なかなか連絡がないのを心配している方も。

このような感覚は人によって異なります。置かれている環境や交友関係が相手の方と異なる場合、社交辞令はほどほどに。

ほめるとき

25 年上の人に「かわいい」は失礼？

「かわいい」はほめ言葉ではありますが、目上の方に対して使うのは時としてNG。どうしてもかわいいと表現したいときは、ご友人に使う「かわいい～！」ではなく、「失礼ながら、かわいらしいと思ってしまいました」など、「目上の方にこの言葉は失礼とわかっていますが……」という思いをプラスしてみるとよいでしょう。

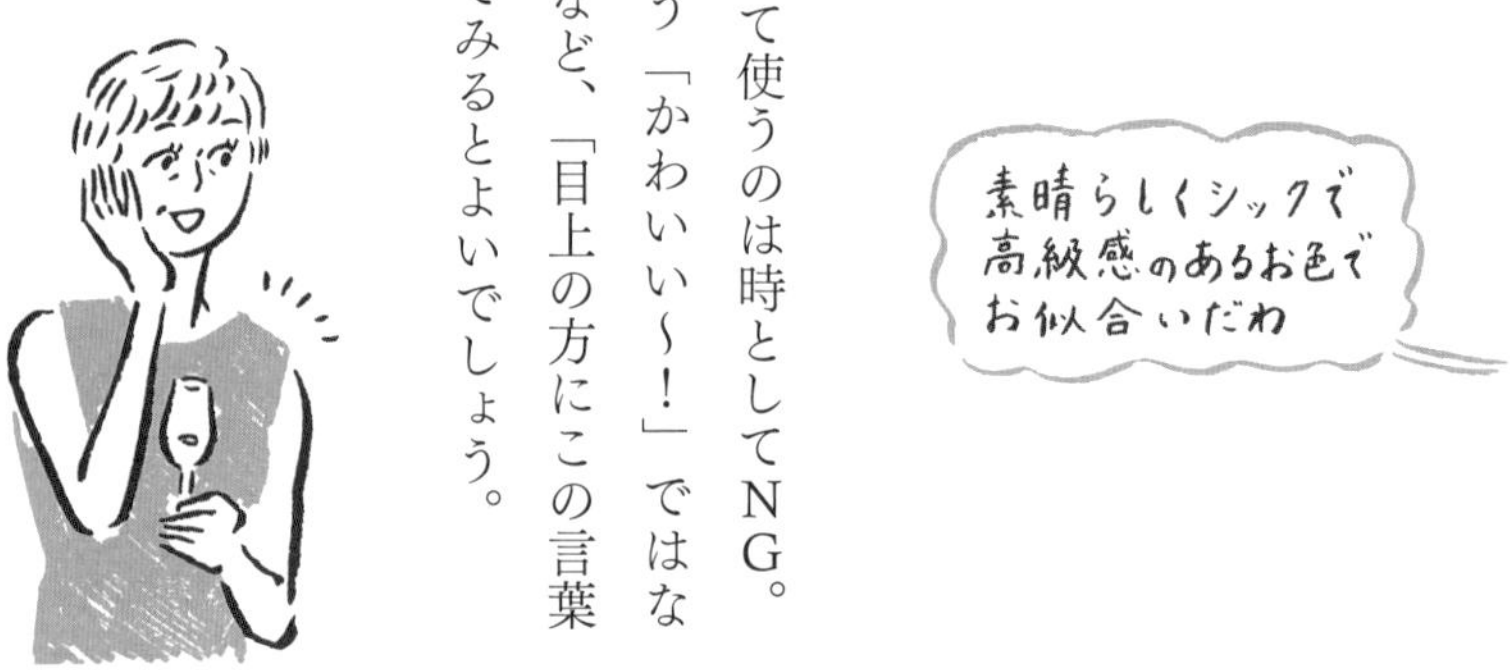
素晴らしくシックで
高級感のあるお色で
お似合いだわ

26 「かわいい！」「素敵！」を多用しない

女子高生のように、何もかも「かわいい！」で済ませてしまうのは、大人なら避けたいですね。同様に「素敵！」もひと言で済ませてしまっているように感じさせますので、多用は避けたいもの。

持ち物であれば、「鮮やかなお色ですね」「とてもシックで高級感のある素材で、○○さんにお似合いだわ」など、具体的な言葉を選んでほめることで、心からそう思っているということが伝わります。

27 「お若いですね」はどう？

女性が言われてうれしい言葉のひとつが「お若いですね」。

ただし、それは「年齢を知っている」という前提があってこそ。実年齢を知らない方から「お若いですね～」と言われると、「この方、私をいくつだと思って言ってるのかしら……」と複雑な気持ちになってしまうでしょう。そこまで考えが及ばず、ほめ言葉として使ってしまうこともあるので、失礼な発言にならないよう気をつけたいものです。

お若いですね！
まだ30歳だなんて言えない……
私もこういうきれいな40代になりたいなぁ……

28 「今日は、素敵ですね！」はＯＫ？

「今日は素敵ですね！」「え？　今日は？」「いえ、今日も！」という冗談交じりの会話をよく聞きますね（笑）。よく聞くということは、ついつい言ってしまいがちだということでもあります。

笑い話として済めばいいですが、親しくない方の場合、「ありがとうございます」で会話が終わり、実は快く思っていなかった、ということも想像しておく必要があります。「今日は、特別素敵ですね！」「わ、今日は格段にお美しい！」など、「特別」や「格段に」「いつにも増して」などを添えるのを忘れずに。

29 スキルはどんどんほめる！

一方、スキルはどんどんほめましょう。「仕事が早くて尊敬します」「運動神経抜群でいらっしゃるんですね」「私もこんな文章が書ければ、と羨ましくなります」など。「私はほめることが苦手で……」と思われている方も、相手を好意的な目で見る癖をつけることで、ほめる要素は次々と発見できるものですよ。

30 ほめるときの注意点

「素敵。羨ましいな」と思って言ったつもりでも、相手にとってはうれしくないと感じることは意外とあります。とくに容姿については注意が必要です。

「やせたね！」は、体調など事情がある場合もありますし、そもそもご本人はスレンダーな容姿をネガティブに感じているかもしれません。「目が大きくて羨ましいわ」「切れ長の目で素敵ね」も然りです。

31 外国の方をほめるときの心構え

相手が外国の方の場合、日本人の考える美の基準とは異なる場合が多々あります。今は世界的に、ルッキズム（外見至上主義）はよくないことと考えられていますので、たとえほめる場合でも、安易に容姿には触れないという意識を持って。もしくは、「日本では素敵というほめ言葉なのよ」とつけ加えることも大切です。

話し方

32 声のトーンは低く

私の教室では、「ハリウッド女優のように、多少低くてハスキーな声の女性は魅力的ですよ」とお伝えすることがよくあります。

日本の女性は、とくに高くかわいらしい声を求める方が多いように思います。しかし、地声ではないのに無理に高いトーンで話そうとすると違和感が。

低めの声でエレガントに話すほうが、大人の余裕や品のある女性という印象を与えてくれるはずです。

33 「～のほう」「～になります」はバイト言葉

「コーヒーになります」「1000円からお預かりいたします」「お名前のほう、伺ってよろしいですか？」「はい、諏内様でよろしかったでしょうか？」

このような言葉を聞いて違和感を持たない方は要注意。これらは「バイト語」と呼ばれている、いわゆる新語です。「丁寧で正しい言い回し」と思い込んで使っている方も多いようですが、気づかずにいると、ご自身や所属企業などの信用にも関わります。とくに、年配の方々にとっては耳障りに感じることも多いので、すぐに見直してみましょう。

34 「やばい」「うまい」は使わない

男女問わず、極端に感情が揺さぶられるものに対していい意味でも悪い意味でも使われている「やばい」や、美味しいものを食べたときの「うまい」という言葉。とくに女性の「うまい」は、年配の方ならぎょっとするような言葉遣いです。

また、多くの方が日常的に使うようになってから久しい「マジ」も、相手や場所によっては控えたいもの。使われ始めた頃には違和感を覚えていたはずなのに、聞きなれると何も感じなくなってしまうのはとても怖いことですね。

「違和感」という感覚を失わないよう、言葉遣いには常に敏感であり続けたいものです。

35 相づちはバリエーションと回数を計算する

「あなたの話をしっかり聞いていますよ」ということを表す相づち。会話においてもとても重要なものですが、相づちがほとんどない方、少ない方、多すぎる方、などさまざまです。

適度なタイミングで打ったとしても、同じ言葉だけを続けていると「真剣に聞いていない」「適当に流されている」と思われてしまうのが難しいところ。

一般的な相づちは「はい」「うん」「ええ」「そうですか」など。状況や相手との関係性で「そうなんですか」「それはそれは」「へえ」「まあ」などご自身でバリエーションを増やしていきましょう。

「〝はい〟が5回続いてしまったから、次は〝ええ〟を入れよう」など工夫し、「真剣に聞いている」という印象を与えられるようにしたいですね。

気遣い

36 「がんばって」は逆効果

相手を元気づけたいときや応援したいときは、「がんばって」という言葉が自然と出ます。しかし、心から応援の気持ちを伝えているつもりでも、相手の方は突き放されているような気がしてしまうことも。ときに、無神経な言葉となってしまうのです。

私自身は、受験や試合に向かう方へ「お力が出せるようお祈りしています。体調だけは気をつけてくださいね」などとお伝えすることが多いです。

37 「陰ながら応援しています」も要注意

相手が困っているときや、悩んでいるときに「陰ながら応援してます」「私には何もできないけれど……うまくいくといいね」といった言葉をかけていませんか？

謙虚な気持ちであっても「私にできることはありません」「私は何も手伝いません」と断定しているようで、冷たく聞こえてしまうことも。たとえ無力であっても、「私にできることがあったらいつでも言ってね」など、寄り添う気持ちを伝えることが大切です。

38 「何が食べたい？」と聞かれたときの答え方

「何が食べたいですか？」と聞かれたとき、お店選びに気を使わせたくないという理由で「中華以外なら……」という答え方をしたことはありませんか？

気を利かせたつもりでも、「食べたいものを聞いているのになぜ食べたくないものを答えるのか」と不快に感じられる方も。この場合は「○○が食べたいです」と素直におっしゃるのがいちばん好感度の高い答え方です。

「○○以外」と言う場合は、「この頃フレンチが続いているので、フレンチ以外で」とか、「パクチーが苦手なのでエスニック系以外が希望です」というように理由をセットで伝えられるとよいでしょう。

39 「何でもいい」は使わない

「どこ行きたい？」「どこでもいい」「何食べたい？」「何でもいい」では、相手は困ってしまいますね。

自分の意見をきちんと伝えるのが育ちがいい人ですと、前作でもお伝えしました。では、本当に相手に合わせたいときは、どうすればよいのでしょうか。

たとえば、男性からデートで「何食べたい？」と聞かれたら、「何でもいい」ではなく、「今日は、あなたの好きなものが食べたいわ」と言ってみては。ただし、いつもこれでは自分を持っていない人と思われてしまうので、「今日は」とつけるのを忘れずに。

40 「それでいい」より、「それがいい」

「今晩カレーでいい？」「うん、それでいいよ」これも日常の会話としてよく聞かれますね。ですが、「それでいいよ」は妥協している印象を与えかねません。

気遣いのできる人であれば「あ、カレーいいね」「それがいいな」という表現になるはずです。

41 「ファスナーが開いている！」を伝える？

ワンピースやスカートのファスナーが閉まっていない方を見かけたとき、「ファスナー開いてますよ」とダイレクトな言葉で伝えるより、「もしかしたら、ファスナーが下がっていらっしゃるかもしれません」「見間違いかもしれませんが……」など、不確かではあるけれど……というニュアンスで伝えるとおおげさにならず、相手の方が恥ずかしく思う気持ちも軽減できます。

知り合いの方でしたら、「私も実は……」とご自身の失敗エピソードを話せば、さらに相手の方の気を楽にしてあげられますね。

42 会話に入れない人への気配り

数人で楽しく会話をしているときに、うまく話の輪に入れず、ひとり取り残されて居心地悪そうにしている方がいたら、「〇〇さんもそうでしたよね？」とさりげなく話を振って差し上げましょう。また、とくに言葉がけをしないまでも、その方にアイコンタクトを取りながら話すだけでも、一緒に会話を愉しんでいる空気がつくられます。まずは、その状況に気づける力を養いたいものですね。

43 育ちがいい人は自慢しない？

うれしいことがあったとき、誰かと共有したくても自慢しているようで話すのを躊躇してしまうことはありませんか？会話の中でさらっと伝えても、「何気なく自慢を挟んでいる」と感じさせ、あまり印象がよくないことも。

私のおすすめは、前置きをすること。「うれしいことがあったの！聞いてもらってもいい？」と素直に伝えてから話せば、うれしくてたまらないというニュアンスになり、むしろ微笑ましいものです。

「いちばんにあなたに話したかったの」「他の人には言いにくいんだけど」と、相手への好意や信頼感、特別感を伝え、大好きなあなたに一緒に喜んでもらいたいという素直な気持ちを表してみてくださいね。

謝罪

44 待ち合わせに遅れたとき、理由をどう伝える？

待ち合わせに遅刻したとき、ビジネスの場面では、理由や言い訳は一切告げず、潔く謝罪の言葉だけを述べて業務に入ったほうが好印象を与えます。では、友人やデートの場合はどうでしょう？

「お待たせしてごめんなさい」と、まず口にするべきは謝罪の言葉。その後すぐに遅れた理由を言いたくなりますが、「育ちがいい人」はその前にもお伝えすべきことが！

「ずっと立たせたままで、お疲れになったでしょう？」「お寒くなかった？」など、相手を気遣う言葉です。遅れた理由は、その後で伝えましょう。

なお、「約束を忘れてて」や「友達とバッタリ会っちゃって」などは、相手を大切にしていないと受け取られることもあるので、伝え方に気をつけてくださいね。

45 間違った敬語に気づいたら

目上の方との会話で、「こちら、拝見されましたか？」など、尊敬語と謙譲語を間違えて使ってしまい、後で気づいて恥ずかしく思った経験をお持ちの方もいらっしゃるのでは？ 時間が経つほど言い出しにくくなるので、気づいたら、「先ほどは、失礼いたしました」と早めにお詫びするのが賢明です。

46 失言したときのフォローのしかた

まったく悪気なく言った言葉が失言だった……ということもありますね。たとえば、相手の方の年齢を知ったときに「まぁ、年上かと思っていました」とうっかり言ってしまい、相手が気を悪くされた場合など、どうフォローしたらよいか慌ててしまいますね。

この場合は、「凛としてらして素敵でしたので、てっきり」「お話の仕方がとてもしっかりしてらっしゃるので」「いつも頼りになるから」など、ほめ言葉にシフトしましょう。

ほかにも、「今日、ご主人はお休みなの？」と言ったら「私、独身なので」と返された、「最近太っちゃって」と言った相手はもっとふくよかだった――など、いろいろなケースがあります。

とくに、年齢、容姿、経済状況、ご家族のことはデリケートな話題ですから、思い込みによる失言は避けたいですね。

お断り

47 義理ママのお願いにどう応えるか？

義理の両親からの頼まれごとは、立場上なかなか断りづらいもの。しかし、都合がつかないときは無理をし過ぎず、上手にお断りすることも大切です。

その際、「すみません、その日はちょっと……」と言葉を濁すと、嫌がっているようなイメージを与えてしまいますし、「忙しいので」も、「もっと大事な用がある」というニュアンスになり、相手はあまりよい気持ちにはなりません。

「希望に応えられないことへのお詫び＋おおよその理由＋今後のお手伝いは喜んでする意志」を伝え、失礼や誤解なく良好な関係性を保ちましょう。

48 親子・親しき仲にもマナーあり

実家がお近くだと、お子さんを預けたいとき頼りになりますね。ただ、「孫は本当にかわいいけれど、責任を持って面倒を見ることが負担」という声もしばしば耳にします。

昨今のおばあちゃま世代はアクティブな方も多く、ご友人とのお食事会や観劇、旅行などスケジュールがいっぱいということも。そのような中お願いするのであれば、立場に甘え過ぎず、お礼の気持ちを言葉や品物、商品券、またはお金、お手伝いするなど、何かのかたちで表すことを忘れないようにしたいですね。

49 頼まれごとを、どこまで引き受けるべき？

相手に悪いと思って気が乗らないことを引き受けてしまうと、のちのち後悔することになり、お互いのためによくありません。「ここまでは少々無理をしても相手に尽くすけれど、ここからはできない」という意思表示をはっきりできる人が、しっかり自分を持っている魅力的な人でしょう。

50 商品やビジネスの勧誘をされたら

「このお鍋ひとつあると、なんでも作れるから経済的よ」「これ、驚くほどシワがなくなるのよ。試してみない？」など、知り合いから高価な商品をすすめられたときは、「うちは○万円以上のものを買うときは夫に相談することにしているの」と、お財布を握っているのが自分だけではないことを伝えるのも有効です。

また、ビジネスパートナーとして誘われた際も、自立した女性のイメージとはやや異なりますが、「仕事のことは家族と話し合うことになってるので」とおっしゃるのもひとつです。

51 最初に釘を刺しておく

セールスをお断りするのには、最初も肝心です。

「今日お見せしたいものがあるの」「〇〇さんにもぜひ使っていただきたいんだけど」と言われた段階で、「今日は決められないけど、それでもよろしければ」と釘を刺しておくとよいでしょう。強くすすめられても「先ほどお伝えしたように」と態度を一貫するようにしてくださいね。

52 欠席の返信は即！がマナー？

同級生数人での久しぶりのディナーや友人のお誕生生会、ママ友同士でのランチなど、日程が確定している場合の欠席連絡は、できる限り早めに入れましょう。

お食事の用意や席次の割り振りなど、さまざまな段取りで、主催者や幹事さんにご苦労をおかけしないための配慮です。

53 すぐに欠席連絡を入れないい方がいいパターンも

特に幹事さんがいらっしゃらない集まりの場合、グループＬＩＮＥのように全員が目にするＳＮＳへ「残念ながら欠席です」と送ってしまうと、「じゃあ再度日程を調整しましょうか」とみなさんに手間をかけてしまったり、「あら、では私も……」と欠席を誘うような流れになる場合もあります。

お店などにご迷惑がかからない範囲のちょうどいいタイミングでお伝えするのも、心遣いのできる育ちがいい人なのかもしれませんね。

歩く、座る、立つ、何かを手に取る、振り返る。
普段の何気ない所作やふるまいは、
言葉以上にあなたの「育ち」を物語ります。
人前に出た時だけでなく、
日頃から周りをハッとさせるような
美しい立ち居ふるまいを心がけてください。
誰も見ていないときにも丁寧なふるまいや所作を
心がけていれば、あなたから醸し出される
オーラが変わってきます。

第3章

所作・ふるまい

所作・ふるまい

54

美しく品よく見える振り返り方

菱川師宣《ひしかわもろのぶ》の『見返り美人図』などの名画にも見られるように、女性がふと振り返る仕草は魅力的なものです。しかし、首だけを回して「え？」と振り向く姿では美しさを表せません。ぞんざいに感じさせ、疲れて老けたイメージを与えてしまいます。

美しく品を感じさせるには、首だけを回すのではなく、上半身全体を使って振り向くこと。これだけでぐっと上品、かつ女性らしく、若々しい印象に変わります。

オフィスなどでどなたかに呼び止められる機会は意外とありますから、意識しておくにこしたことはありません。

55 女性の所作の美しさアップ！ クロスの法則

テーブルにある携帯を取り上げる際、右側にあれば右手で、左側にあれば左手で、と近いほうの手で取りがちですが、このとき、あえて遠い方の手で取るようにしてみてください。

腕を体の前でクロスさせるようにして取ると、腕と体の隙間がなくなり、女性特有の曲線が描かれ、ハッとするほどエレガントに映ります。

イヤリングを外すときや、髪を耳にかける際にも、ぜひこのクロスの仕草を試してみてくださいね。鏡に映った自分の女性らしさに驚くはずです。

56 頬杖をついていいの？

頬杖はマナー的にはNGとされますが、場所や同席する方との関係性によってはOKの場合も。ここでは、頬杖をついてもいい場面においてエレガントに映る所作についてお伝えします。

手のひらを上にして頬と顎を支える頬杖は、「疲れている」「つまらない」「飽きた」「興味がない」「だらしがない」等、ネガティブな印象を与えてしまいます。逆に、手のひらを下に向け、指の第二関節辺りにあごを軽く触れさせるようにすると、表情により優雅にもかわいらしくも見えますよ。

57 「モデル立ち」と「ナチュラルで美しい立ち方」の違い

片方の脚を後ろに引き、かかとをグッと内側に入れ込む、いわゆる「モデル立ち」は、脚をほっそりと長く見せてくれますね。SNSの投稿でも多くの女性がしているのを見かけます。ただし、この立ち方は「見せる」ことに重点を置いた立ち方。待ち合わせや電車を待っているときにすると不自然に映ることも。

普段使いの美しく、ナチュラルな立ち方は、両足を少しだけ前後にずらし、膝を寄せて脚が開かないよう意識するもの。これなら「やり過ぎ感」を感じさせることなく、品よく美しく見えますよ。

第 3 章

所作・ふるまい

58 お辞儀をするときはかかとをつける

お辞儀というと、角度や速さ、背筋は美しいかなど、上半身に意識がいきがちですが、実は足元の所作が、お辞儀全体の印象を大きく左右します。

かかとをつけずお辞儀をすると、なんとも間が抜けた、だらしがない印象に。日常の何気ない所作ですが、ここに注意するだけでぐっと美しい所作になります。

59 きれいな立ち方、手はどこへ？

お辞儀をするとき、両手は体のどの位置にありますか？　私が特に気になるのは、両手を重ねてウエストの位置まで上げ、おなかを押さえているように見えるスタイル。昨今、これが正式な立ち方、お辞儀と思われている方も多いのですが、このおなかを押さえた所作は日本のお辞儀としては自然に映りません。体の前で手を重ねるときは、両腕は自然に下ろし、違和感のない位置に手を置くようにしましょう。

60 つま先から着地するのはNG

歩くとき、足はかかとから着地するのが基本ですが、つま先からつく方がたくさんいらっしゃいます。日本人はもともと猫背の人が多いことに加え、パソコンやスマホをする時間が長くなったことで、普段から体が前傾しがちになり、いわゆる前のめりな歩き方になってしまっているようです。この歩き方はスマートさに欠けるだけでなく、つまずきやすくもなります。低めのヒールの靴で歩く際に、足のどの部分から着地しているか、一度確認してみましょう。

61 自然でエレガントな歩き方

道に引かれた1本の線の上を歩く「モデルウォーク」と呼ばれる歩き方。美しい歩き方として参考にされている方も多いですね。ですがこれは、すべての女性の脚を美しく見せてくれる歩き方ではありません。

OK
NG

O脚ぎみの方は逆にそれが目立ってしまったり、不自然な脚運びに見えるなど、かえってなさらないほうがいい方も少なくないのです。

どんな方でもナチュラルにきれいに見せてくれるのは、両足をつけて立ったときにつま先から伸びる並行な2本の線を想定し、その上にスッスッと足を運ぶ歩き方。これならどなたでも自然で美しいウォーキングが叶います。

62 手は、後ろへ振る

歩くときの手の振り方は、みなさん実にさまざま。前に大きく振る方、横に振る方、斜め前の方、そしてまったく振らずに歩く方。両手を同方向に一緒に振る方も！

腕はあまり前に大きく振り過ぎず、後ろ側に振ることも意識して歩けば、美しくエレガントなウォーキングとなります。

63 歩幅は広いほうがエレガント

歩幅は狭いほうが女性らしいと思っている方もいますが、実際は気持ち広めにとったほうがエレガントに美しく歩けます。

普段の1・2倍くらいの歩幅を意識して歩いてみましょう。ゆったりと優雅なウォーキングになるうえ、少ない歩数で速く進むことに驚かれると思います。

また、気をつけたいのは、歩き出しの姿勢。横から見て耳、肩、くるぶしが一直線になることがポイントです。上半身はそのままキープし、かかとから着地して歩きましょう。

もちろん、和服をお召しになった際は別。逆に、普段より狭い歩幅にし、さらに内またぎみで歩くことを意識して。装いによってサッと切り替えられる女性は粋ですね。

64 バッグは持ち方で印象が変わる

● トートバッグ、ショルダーバッグ

ショルダーバッグを、とても窮屈そうに持つ方。これは、ストラップを上のほう、つまり肩に近い位置でぎゅっと握りしめて持っているから。

その手を下のほう、ストラップの下部にずらすだけで、見違えるほどスマートに見えます。またそのとき、握りしめるのではなく、手をふんわり添える程度のイメージにすると、指先までエレガントに。肘は張らず、脇を軽く締めるようにしましょう。

バッグは前下がりに持つと、スタイルアップに映りますよ。

ハンドバッグ

バッグを腕にかけて持つとき、バッグの内側から外側に手を通して持つ「お買い物持ち」「おばさん持ち」になっていませんか？

NGな持ち方ではありませんが、よりスッキリと洗練されて見えるためには、腕の通し方を逆にしましょう。ハンドルの外側から内側に手を通すようにしてみてください。

持ち方を変えるだけで、見違えるほど体もほっそり見えますよ。

65 歩きながらきれいにお辞儀をするには？

ご近所の方へ通りすがりに挨拶するときや、会社の廊下で上司や同僚とすれ違うときなどにする歩きながらの会釈。

実のところこれはとても難しい所作です。私のスクールでも1回のレッスンでマスターされる方はまれで、ほとんどの方が2～3回目のレッスンでようやく「コツがつかめました！」というほど時間がかかります。

たいていの方はすれ違いざまに首だけチョコンと動かす程度のため、雑な印象、不格好な所作に見えてしまいます。会釈もお辞儀のひとつですから、きちんと腰から倒しましょう。日々のこのような動作を丁寧にすることが育ちのよさにつながります。

66 お辞儀、何回していますか？

「初めまして。○○と申します。よろしくお願いいたします」と挨拶をするとき、何回お辞儀をしているでしょう？

「初めまして」で1回、（その前に「あ、」で1回という方も！）名乗ってもう1回。「よろしくお願いします」でさらに1回。その直後に無言でオマケの1回……！

このように何度もお辞儀をすると、「腰が低くいい人」という評価はいただけるかもしれませんが、逆に「自信がなさそう」「デキる男性／女性には見えない」「大切な案件を任せられそうにない」など、ネガティブな捉え方をされてしまうことも。

スマートで〝デキる人〟を演出したいなら、お辞儀は1回だけで十分。その1回を、美しく丁寧に行いましょう。

67 レディは膝を離さない

スクールではもちろんのこと、講演や研修、メディアなどでも私が常に申し上げているのが「レディは膝を離さない」という言葉。両膝が微妙に離れている女性は非常に多く、驚くほど大きく離れてしまっている女性も少なくありません。これはただの癖。「ちょっとでも離れたら落ち着かない」と思えるまで癖づけしていきましょう。

68 膝はついているけど

膝はついているのに、その下の両脚がずいぶんと左右に離れてしまっている方もいらっしゃいます。これは小学校中学年頃から中高生によく見られる座り方。

いつの間にかしているという方は、非常に幼い印象になり、大人の優雅さやエレガンスには程遠いということを認識してくださいね。

69 椅子の背もたれは使っていいの？

「椅子の背もたれには寄りかからないのがマナー」と教わっている方も多く、ずいぶん浅めに腰かけていらっしゃいます。もちろん食事中や、上司や大切なクライアント、目上の方の前で背もたれに寄りかかるのは、避けたほうがよいでしょう。

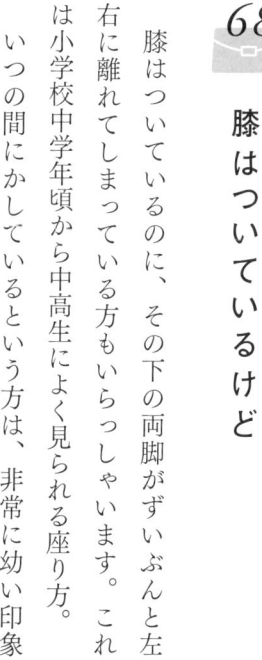

ですが、その姿勢を数十分キープするのは意外と大変。かえって猫背になるなど姿勢が崩れやすくなることも。

そこで私は、椅子の座面深くに腰かけて、背もたれには腰のあたりだけをつけ、背中は浮かす姿勢をおすすめしています。背筋がまっすぐであれば決して失礼な姿勢には見えませんし、何よりぐんと楽に座っていられますよ。

70 ソファでも安心して美しく座りたい

ソファなど座面が低い椅子に座る場合、スカート丈によっては裾が気になりますね。そんなとき、どんな対策をとられていますか？　ビジネスシーンなら資料、ロビーやラウンジならバッグを膝の上に置いていらっしゃるでしょうか。それともハンカチ……⁉

ミーティング中、膝の上に資料を置き続けるのは不自然ですし、ラウンジでお茶を飲みながら膝にずっとバッグを置いておくのも、落ち着きがない印象に。また、わざわざハンカチを出して広げて置く姿は非常に違和感がありますので、どのシーンであっても避けていただきたいもの。

　そんなときは膝の位置を下に下げるようにします。脚を揃えて斜め横に流しておけば、膝の位置が低くなるため裾も気にならず、女性らしく美しい脚の所作にもなります。

71 きれいな脚の組み方

日本ではオフィシャルな場や畏《かしこ》まったシーンで脚を組むことはよしとされていませんが、カフェやバーなどでスマートに脚を組んでいる女性は格好よく素敵ですよね。

ポイントは、脚を流す方向を揃えること、右脚と左脚の間を空けないこと。

何事も「スキマをつくらない」ことが、女性らしい所作の基本です。

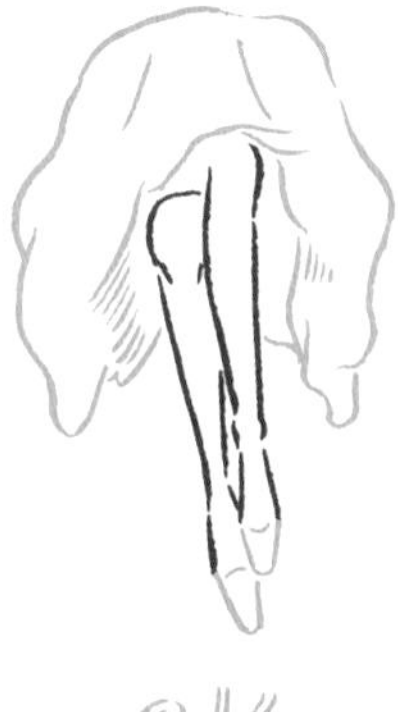

72 床に座るときもエレガントに

ホームパーティなどでカーペットや床、クッションなどに直《じか》に座るとき、女性は両脚を横に流して座ることが多いですね。正座まではする必要がないし、体育座りや、脚を前に投げ出すのはどうかという場面では、確かにこの座り方が最適です。

ただし、その際も膝にご注意を。女性らしく見えるはずの座り方であっても、膝同士が離れれば離れるほどエレガントさに欠けていきます。できるだけ近づけ、脚を斜めに流しましょう。カジュアルな場面でこそ、あなたの品が試されます。

73 ヒールはきちんと階段に乗せる

パンプスで階段を上るとき、靴の前方だけを階段に乗せ、ヒール部分は乗せずに上がっていませんか？　ヒールが高ければ高いほど、きちんとソール全体を段に乗せて上がるのは大変になりますが、所作はそのほうが圧倒的に美しく見えます。楽を取るのか美を取るのかは、そのときのシチュエーションによって賢く選択してくださいね。

74 階段を優雅に下りる

ハリウッド女優かプリンセスか――エレガントな女性がらせん階段を優雅に下りてくる姿をイメージしてみてください。さて、その方の脚の所作は？

階段の昇降時、とくに下りるときに気をつけたいのが、左右の脚のスキマです。もちろん、階段では「安定よく」「安全に」を優先しなければなりませんが、そうであっても、脚と脚との間が開きすぎるのはNG。危なくない程度に両脚は近づけ、優雅な脚さばきで下りてみましょう。

75 手すりは使っていいの？

「階段の手すりは使わないほうがいいですか？」と質問されることがあります。下りる際、特に高いヒールを履いているときなどは不安定になりますので、もちろんお使いになってください。

ただし、手すりに体重を預け、頼り切ってたどるように握るのはNG。これでは、すっかり「疲れた人」に見えてしまいます。肘が軽く曲がる距離で手すりに軽く触れ、そっと手を滑らせるようにしましょう。もちろん前かがみや猫背にならないよう、背筋をピンと伸ばすことを忘れずに。

76 拾う姿も美しく

落としたものを拾うとき、腰を曲げて拾い上げていませんか？　これでは、かなり老けて見えてしまいます。そのとき脚を広げていたらなおさら。

脚は左右に開くのではなく前後にずらし、背筋を伸ばしたままスッと腰を落とすようにして拾ってください。日常の何気ない動作が、ハッとさせるふるまいに変わりますよ。

77 会話中に目を逸らすのは失礼？

私たちは幼い頃から、「話を聞くときは相手の目を見なさい」「顔を見て話しなさい」と指導されていますね。ですが、実際に何十分もの会話中じっと相手の目を見たままでは、相当な圧迫感を与え、気詰まりな空気になってしまうもの。

相手に向き合っていることをしっかり示しつつ、圧迫感を与えずに視線を柔らかくするには、相手の方の瞳だけではなく、眉や口元のあたりを見るようにしてみてください。また、視線を向ける頻度と時間を相手の方と同じくらいの割合にすると同調が生まれ、あなたとの会話をさらに心地よく感じてくれるでしょう。これは、話すスピードや声のトーンについても同様です。

78 不機嫌さを人に見せてもいい？

大人は不愉快なことがあったときや落ち込んだとき、周囲の人にそれを察知されないよう、表情や態度に出さないもの。とはいえ、人間ですから常に機嫌よくいられるわけではありません。周りが不快になる態度はもちろんいただけませんが、どうしても普段通りにふるまえないときは、「ごめんなさい。今日は気になることがあって、あまり話ができないの」「気分がすぐれないのでいつもより静かになるけれど、気になさらないでね」とひと言伝えてみて。「何かおつらいことがあって、話したくないのね」と、そっとしておいてくれるはずです。

自分の状態をある程度伝えることは、相手の方に、「何か失礼なことをしたかしら？」と気をつかわせずに済み、双方にとって望ましい場合もあります。

79 自分の「効き顔」を知る

「ご自分の写真映り、お好きですか?」と伺うと9割以上の生徒さんから返ってくるのが「いいえ! 私、写真映りが本当に悪いんです」というお答え。そして、「ご自身の右側と左側ではどちらの顔がお好き?」と重ねてお聞きすると、半数以上の方が「えーっと……」と考え込んでしまわれます。

私がレッスンで大切にしているのが「効き顔」というもの。人の顔は完全な対称ではないので、眉の形、目の大きさ、瞼の二重の入り具合、フェイスライン、口角の上がり具合、ホクロの位置などによって左右の印象はガラッと変わります。このように顔のパーツごとに検証していくと、普段気づかなかったディテールが見えてきますので、ぜひじっくりと鏡に向かい、ご自分の効き顔を発見してみてください。写真撮影のときなどに、役に立ちますよ。

80 どう見せたいか？ で向きを変える

ご自身で考えた「効き顔」が、プロの目で見た、「より美しく見える顔の向き」と異なる場合もあります。また、人によって好みはさまざまです。

「とにかく若く！」「デキる女風に」「ふんわり穏やかに見えるように」など、見せたい自分や、写真を撮る目的によって、左右どちらが適しているかを考えることで、写真映りは劇的によくなります。見せたい自分、なりたい自分を演出できるようになれば、上級者ですね。

81 ため息は想像以上に周りを不快にする

悩んでいるときや疲れたとき、不愉快なとき、イライラしたときなどにつくため息。ホッと安堵の際につくこともあるのですが、たいていは前者のようなネガティブなイメージで捉えられてしまうので、その場の空気が一気に重くなってしまうことも。周囲の方に「機嫌悪そう」「私、何か気に障ることしたかしら」と心配をかけたり、悩ませてしまう可能性もありますから、ため息は人知れず、心の中で。

82 育ちがいい人は、何より時間を大切にする

節約は大切なことですが、そのために遠くのスーパーまで時間をかけて出かけたり、セールに長時間並んだり、我先にと特価品をつかんだりしているとき、失っているものにも目を向けてみませんか。多くの場合、それは「時間」。たとえば、「少しぜいたくかな」と思っても適当なタイミングにタクシーで移動したり、たまに家事代行を頼んだり、カフェでゆっくり過ごすことで時間だけでなく心と体の余裕ができます。それは周りの方への気遣いや優しさにもつながっていくはずです。

83 名前を大切にする

名前は、親からの最初のプレゼントといわれ、とても大切なもの。もちろん代々受

け継がれてきた姓もその方のアイデンティティのひとつとなるものです。「相手の方のお名前を言い間違えない」、「メールや手紙でお名前の漢字を間違えない」など、お名前を大事に扱うことは、その方自身を大事にすることと同じですね。

その場に同席している方とよい時間を過ごし、
美味しくいただく。
食事において最も大切なことであり、
お料理を作ってくださる方への礼儀でもあります。
食事のマナーは、そのためにあります。
人にも食べ物にも敬意を表せるのが、
真の「育ちがいい人」。食事の場面では、
あなたの真価が表れます。

第4章

食事の場で

レストラン

84 「苦手な食材はありますか？」と聞かれたときの答え方

レストランでの注文時や、ご招待いただいた席で「何か苦手なものはございますか？」と尋ねられた際、アレルギーがある方は必ず伝えましょう。せっかくの会食で体調が悪くなってしまっては同行の方にもお店にも迷惑をかけてしまいます。昨今、食物アレルギーを持つ方も多く、お店側もとても神経を使っていますから、きちんと伝えたほうが親切です。

嫌いなもの、苦手なものについては程度問題ですが、召し上がるのがつらいと感じる食材はお伝えしておいたほうがよいでしょう。私の場合、フレンチ等であれば「内臓系が苦手なんです。ソースに使われたり大きなものでなければフォワグラは問題あ

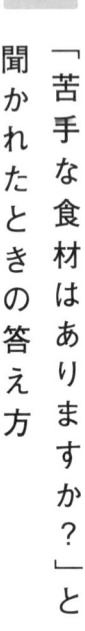

りません」と伝えますし、和食の際は「白子と生きている白魚はちょっと苦手です」というような伝え方をしています。会食のそもそもの目的は、食事と会話を愉しむこと。みなさんと心置きなく過ごすためにも正直にお伝えすることも大切です。

85 ワインの選び方

格式あるレストランでは、お料理に合わせるワインは、オーダーするコース料理と同等からその半額くらいが適当といわれています。ですから、お料理のコースが3万円以上に対して、ワインボトルが5千円以下では、バランスがいいとはいえませんね。

ただし、あくまで目安ですから、予算に応じてお好きなものを選ぶことも大切です。マナーや知識をふまえ、バランスよく注文したいものです。

86 「お水ください」はあり？

誕生日祝いなど奮発したディナーで「お飲み物はいかがなさいますか？」と尋ねられたら、食前酒やワイン、ノンアルコールドリンクを頼むのが通常です。

格式あるレストランでは、お料理に見合った金額のお酒をオーダーするのが礼儀とされますから、たとえお酒が飲めなくても、飲み物を頼まないのはスマートではありません。もちろん、ガス入り、ガスなしなど好みのミネラルウォーターを頼んでもよいでしょう。

とはいえ、すべてのレストランで必ず飲み物を注文しないと格好がつかないわけではありません。カジュアルなお店での「お水で結構です」は問題なし。和食店で、お酒もソフトドリンク類もいただきたくない場合は、「温かいお茶をいただけますか」でも。

配慮が必要なのは、焼き鳥屋さんや居酒屋さんのように、お酒を飲むことが前提とされているお店の場合。お料理をおつまみに飲んでもらうことで経営が成り立つので、おつまみだけをいただくのはルール違反と捉えられます。

中華料理店での中国茶も有料、無料があります。お店によって適したオーダーを考えましょう。

87 レストランで食べ方を質問できますか？

食材や味だけでなく、盛りつけや器も日々進化しているお料理の世界。そのため「これ、どうやっていただくの？」と迷うようなお料理が運ばれてくることもあります。小さな器に入ったソースは直接つけるのか、かけるのか？　カップで出されたスープは、口をつけて飲んでいいのか、スプーンを使うのか……など。

わからないときは、「聞くのが恥ずかしいから……」と躊躇《ちゅうちょ》せず、お店の方にお尋ねしましょう。素直に聞くことができる方ほど育ちのよさを感じさせますし、不安なまま召し上がるより、おいしくいただけますよね。

ただし、それには基本のマナーに通じている必要があります。

それを心得ていれば、聞いたらおかしいこと、聞いても恥ずかしくないことの判断がつきます。

88 「華席《はなせき》」に案内される人になりましょう

「華席」という言葉をご存じでしょうか？　他のゲストからよく見える中央などの席。飲食店の業界用語で、その日最も素敵なお客様にお座りいただきたい席のことを指します。ここに通されることは、「装いもふるまいも、このお店にふさわしい最高のゲスト」というお店からの称賛を意味します。

四方から見られているようで落ち着かないかもしれませんが、「華席」でエレガントに堂々とふるまえる人になれたら素敵ですね。

89 「こちらへどうぞ」と言われた席が気に入らなかったら？

案内された席が、入り口や通路近くの落ち着かない場所だったり、店内は空いているのにすでに座っている方のすぐ隣の席だったりと、「なぜ、こちらに!?」と思うようなことがまれにあります。そんなとき、自分の好みや要求をしっかりと伝え、お願いや交渉ができるのも育ちがいい人だからこそ。

食事の時間を心地よく過ごすのはゲストだけでなく、お店にとっても喜ばしいこと。予約の場合ならなおさら、堂々と「あちらでもいいですか?」とお聞きしましょう。

希望が叶ったら感謝の言葉を、もし叶わなければ「ではまた改めて参ります」とスマートにお伝えしても。

90 お願いとクレーマーの違い

レストランで席を替えていただいたり、お祝いの席の演出、高齢者への配慮、また、ホテルや旅館でしたらお部屋の変更や備品の貸し出しなど、サービスを受ける際にさまざまなお願いをする場合があります。ゲストとして節度ある要望なら、堂々と、ただし丁寧に伝えましょう。しかし、それを逸脱してしまうとクレーマーとなってしまいます。サービスを受けるには、ゲスト側もそれにふさわしいふるまいや言葉遣い、身なりが必要であることは言うまでもありません。

91 食事中は頭頂部を見せない！

ご一緒にお食事をしているとき、ナイフやフォークの扱い方や食べ方はきれいなのに、どこか違和感を覚えた男性がいました。その方はフォークを口に運ぶ瞬間、下を向き過ぎて召し上がっていたのです。正面に座っている私には、彼が食べ物を口に運ぶたびに頭頂部が見えることに……。

食事中、お皿と顔が平行になるほど首を曲げてはいけません。首から背中は一直線に。その状態のまま、お皿の上に顔が来るように腰から前傾していただきましょう。どこから見ても美しい姿になります。

92 テーブルとの間はこぶし二つ

食事を口に運ぶときに手で受けるようなしぐさをする手皿はマナー違反。手ではなく、小皿やお取り皿を使って受けましょう——ということは前作でもお伝えしました。

手皿が癖になっている方は、テーブルに置かれたお皿と口の距離が遠過ぎるため、こぼすことを気にしてついしてしまうようです。これは、テーブルから離れて座っていることが原因。

体とテーブルの距離は「握りこぶし二つ分」が目安です。

93 パンをちぎった面は自分に向ける

パンはひと口大にしてからいただきます。ちぎるのは、パン皿の上が通常ですが、もしパン皿の位置が遠ければ、ご自身の前にあるオードブルやメインのプレートの上でも構いません。

ただし、食べかけのパンは、ちぎった部分を自分側に向けるように置きましょう。噛み切ったのではないにせよ、同席者になるべく見えないよう配慮したいものです。もちろん、パンだけでなく食べかけのお料理は、自分のほうに向けて置くようにするのが原則です。

94 バターはいったんパン皿に取る

何名か分のバターがテーブルにまとめてサーブされた場合、そちらからバターナイフで取ったバターを直接パンに塗るのは、お行儀がよくありません。いったん、適量のバターを自分のパン皿に取り、改めて一口大にちぎったパンに塗っていただきます。

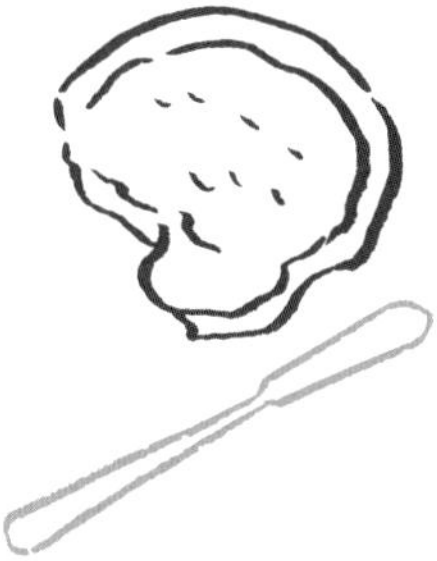

95 パン屑は集めない

とくにハード系のパンはちぎると必ずパン屑が出ますが、それを自分で集めてお皿に戻すのは、かえって見苦しい所作になります。もちろん、テーブルの下に払い落とすのはもってのほか。メインが終わった時点で、給仕の方がダストパンでさっと取ってくれますので、どうぞそのままで。

96 サラダやつけ合わせの葉物野菜のいただき方

レタスなど、葉物野菜をフォークでいただくのは意外と難しいもの。私のテーブルマナー講座でもうまく刺さらずに困っている姿が毎回見られます。

そんなときは、ナイフを使って何回か葉物を折り畳んでいき、厚みを出してあげるとフォークが刺さりやすくなりますよ。

97 スープは飲むではなく、食べる

カップに入ったスープではなく、スープ皿からスプーンでいただく場合、英語では「eat（食べる）」と表現します。

ですから、スプーンの横側からすするように飲むのは当然よろしくありませんし、縦に持ってスプーン全体を口に入れるのも美しくありません。スプーンは顔に対して斜めに持ち、1／3ほどを使うイメージで口へ運べば上品にいただけます。

98 パスタにスプーンは使わない

イタリアでは、ロングパスタをいただくときに大人はスプーンは使いません。私のスクールのイタリア人の生徒さんも、「スプーンを使うのは小さい子どもだけ。大人が使うなんてプライドが許さない」とおっしゃっていました。

スプーンを添えたほうが確かにパスタは巻きやすくなりますが、元々の国の常識、文化を知ることも大切なマナーのひとつです。

99 つけ合わせのとうもろこしの食べ方

ステーキのつけ合わせなどで出てくる芯つきのとうもろこし。手で持ってかじるのではなく、ナイフとフォークを使って召し上がってみましょう。

とうもろこしを立てて、芯のところにフォークを刺し、しっかり安定させたら、上から粒の部分をナイフで削ぎ落とすようにカットしていきます。これでしたら、食べ終わって残った芯も見苦しくありません。

100 レストランでお料理を残してもいい？

食事にお招きいただいた際や、目上の方に心配や不快な思いをさせたくないと思う場合でなければ、苦手なお料理は口をつけなくても大丈夫です。ひと口召し上がってから残してもかまいません。

苦手なものや好みでないものは、しかたのないことです。サービススタッフから「お口に合いませんでしたでしょうか？」と尋ねられることもありますが、「申し訳ありません」とお答えするだけでも問題ないでしょう。

101 ワイングラスはボウル部分を持つ？

シャンパングラスやワイングラスは、国際的に見るとボウル（上の丸い部分）を持つのが一般的ですが、よりエレガントに持ちたいときや、少しも温めたくないという場合は、ステム（脚）を持っても構いません。ただし、かなり長めのものや細めのステムもありますので、上、中央、下などそのグラスに合った安定のよい所をつまむようにしましょう。持ち方を周りの方に合わせるのもマナーのひとつです。

102 グラスを持つとき、手は開かない

ワイングラスの持ち方を気にする方は多いのですが、コップ型のグラスの持ち方は、あまり気にされないようで、映画やドラマの所作指導の際にお伝えすることが多いのがこちらです。

ポイントは指を揃えて持つ、ということ。人差し指、中指、薬指を近づけてグラス

を取り上げます。指全体をやや斜め下に向けると、なおほっそり美しく見えますよ。

小指をピンと伸ばすのは品がない印象となるので、癖になっている方は注意してくださいね。

103 カップやグラスについた口紅はどうする？

「グラスやカップについてしまった口紅はどうしたらいいですか？」これは、テーブルマナー講座で必ずいただく質問です。口紅を塗っていたら、飲み口についてしまうことは避けられません。海外では気にしない方も多いですが、清潔好きで奥ゆかしい日本女性としては少しでも目立たせたくないですね。

最小限におさえるため、食事の席に着く前には洗面所などで軽く唇にティッシュを当てておきましょう。

また、グラスにいくつもの跡がつくのは美しくないので、同じ位置に口をつけるよう意識してみて。

104 レディはバッグを離さない！

女性の装いはバッグを持って完結します。ですから、街中だけでなく、パーティや会食などフォーマルな席でも、パーティバッグやハンドバッグを持つのが原則です。

それなのに、レストランやカフェでお化粧室に立つときなど、手ぶらの女性の多いこと！　トートバッグのように大きなバッグを持って立つのはスマートではありませんが、かといってメイクポーチだけ、ましてやハンカチだけというのもエレガントではありません。「レディはバッグを離さない」と、覚えておいてくださいね。

105 テーブルにバッグを置かない

レストランに到着し、椅子に座る際や、食事が終わって席を立つときの一瞬、テーブルにハンドバッグを置いてしまいませんか？　お財布などを出す際に、ちょっとバッグをテーブルにのせて探す……ということはないでしょうか？

テーブルはお料理を置く場所です。真っ白いテーブルクロスが敷かれた所ならなおさら、お皿やカトラリー以外は置かないのがマナー。

クラッチバッグ、ポーチ、お財布、携帯電話、手帳なども同じです。大人の女性としてわきまえておきましょう。

106 お会計

席でお会計するときに、「お会計をお願いします」という意味で両手の人差し指でバッテンを作るハンドサイン。おじさまたちがよくなさっているこの所作を女性がするのはエレガントとは言えません。遠くの店員さんに指で合図をするなら、ペンでサインをするジェスチャーの方がおすすめです。

和食

107 箸袋での箸置き作りについて

箸置きがないとき、箸袋を折って箸置きを作る方を見かけます。ですが、箸袋は業者の方をはじめ多くの人が手にし、さまざまな所に置かれることを考えると、決して衛生的とはいえません。ではどうすればよいでしょう？

箸袋があるのであれば、それを半分ほどに折って、お箸の先だけを入れておくのが最も簡単で衛生的でもあります。そのとき、袋をちょっと斜めにずらして折ったり、軽くひと結びすると、シンプルで、かつ粋に見えますね。折敷（おしき）がある場合は、折敷の左縁のところに箸先をかけても。

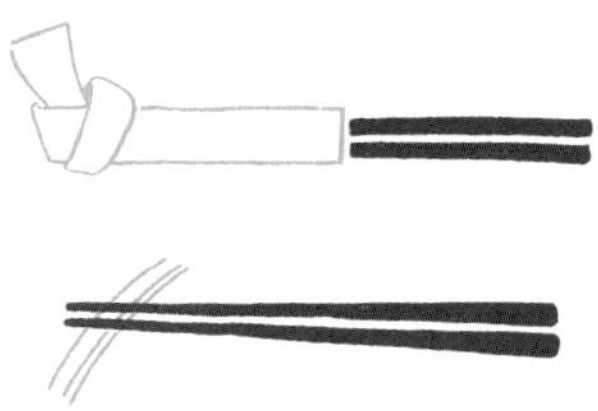

108 食後のお箸の置き方

食事が終わったらお箸は箸袋に戻すようお伝えしています。これは使用した部分が見えないようにという、下げてくださる方への気遣いです。

その際、箸袋は長いままでも、折ってもどちらでも構いません。あえて、使用済みということを知らせたい場合は少し折っておいてもよいですね。

109 お箸の帯が取りづらいとき

お祝いの席や和食店では、幅1cmほどの紙の帯で留められた割り箸が出されることがあります。これが上手く取れないからと、お箸をねじりながら破いてしまうのは、お行儀がよいとは言えません。きつく巻いてあったり、糊でくっついてしまっている場合は、破くのではなく、落ち着いてそっとはがすようにしてください。

110 お椀の蓋の取り方・置き方

蓋付きのお椀の中が密閉状態になって蓋が開かない……しばしば起こる現象ですね。でも、まったく焦らなくても大丈夫。親指を手前に、あとの4本の指をお椀の向こう側に添え、少々力を入れてギュッと押してみると、お椀の中に空気が入り、簡単に開けることができます。開けたら蓋を逆さにし、そのお椀が右側にあれば右に、左でしたら左側に置きます。

111 貝の汁物のいただき方

貝が入ったおすましやお味噌汁。身を食べ終わった貝の殻はどこに置くのが正解でしょう？　お椀の蓋の上に出される方がいらっしゃいますが、これはマナー違反です。とくに格式ある和食店などでは、自慢の器の塗りを傷つけることにもなりかねません。また、食べ終わった殻が同席の方の目に入り、美しいとはいえませんね。食べ終わって空になった他の器に入れるのも同様にNG。貝の殻は取り出さず、そのままお椀の中に入れておいてください。

112 飲み終わった汁物の蓋はどうする？

蓋を逆さにした状態でお椀に戻すのはマナーに反します。「飲み終わりました」「ごちそうさま」という印で、給仕の方への親切心からかと思いますが、塗を傷めてしまいますし、見た目もよくありません。蓋は出されたときの状態に戻すようにしましょう。

113 お料理は、出てきた形のままでいただく

たとえば、やきとりを全部串からはずして召し上がる姿は、粋ではありません。とくに女性は「外すほうが上品」と思い込んでいる方も多く、少々残念に感じることも。

お料理は、出していただいたときの形状が最も美しく美味しいはず。調理してくださった方の思いを考えれば、できるだけ形を崩さずにいただくのがベストです。

114 蕎麦、寿司、天ぷらは出されたらすぐに食べる

天ぷらや握り寿司など、カウンターで小出しで出てくるお料理は、言うまでもなくできたて、握りたてがいちばん美味しいもの。すぐにいただくのが作り手への礼儀です。おしゃべりや撮影に夢中になり、一番美味しいタイミングを逃してしまっては大変残念ですし、失礼ですね。

また、麺類も早く召し上がっていただきたいお料理です。お蕎麦やおうどん、そしてパスタ類も。麺のコシを十分に愉しみつつお早めに！

115 天ぷらの塩のつけ方

天ぷらとともに小皿に用意されたお塩に天ぷらを直接つけようとすると、1カ所に固まってついてしまうことも。お塩は親指と人差し指でつまんで、天ぷらの上からふれば、ほどよく全体にいき渡ります。

116 焼き魚の大根おろしの食べ方

秋刀魚《さんま》など脂の乗った焼き魚には大根おろしが定番ですね。口の中をさっぱりさせてくれますし、消化や殺菌という意味からも一緒に召し上がっていただきたいもの。大根おろしの上にお好みでお醤油をかけたら、お箸で魚の身をほぐし、大根おろしと一緒にいただきましょう。

117 くし切りレモンの搾り方

お料理に添えられたレモンは、くし切りでしたらお好みでお料理の上に搾っていただきます。このときに注意したいのは、レモンの汁がお皿の外や周りの方に飛び散らないようにすること。意外と遠くまで飛ぶこともあるので、搾る際は、利き手とは逆の手で覆いながら行ってください。

118 輪切りレモンの使い方

では、添えられたレモンが輪切りだった場合は？　お箸を2本、レモンに刺してねじりながら搾る方がいますが、見ていて美しい所作とは言いにくいもの。

輪切りのレモンは、飾りの場合もありますから、搾るというよりその香りを愉しむものと心得て。お料理の上にのせ、フォークやお箸などで軽く押し当てるようにし、少々酸味が移れば十分です。

119 魚の骨や種を口から出すとき

人前で一度口に入れたものを出すのはお行儀がよくないことですが、フルーツの種や魚の骨など出さざるを得ない場合もありますね。そのときお箸やフォーク、スプーンを使って出しなさい、というマナー指導もありますが、実はそのほうがかえって目立ってしまうことに。

ナプキンで口元を覆いながら取り除き、さりげなくお皿に置くなどなさってもよいでしょう。その際、口元を何気なく拭う……という所作から自然な流れで行えば、同席の方にも気づかれずスムーズです。和食ならお懐紙を使ってもよいでしょう。

120 薑《はじかみ》を知っていますか？

和食で、焼き魚に寄りかかったかたちで出てくる半分が赤い茎のようなものの名前をご存じですか？ これは薑と言い、生姜の新芽を酢漬けにしたもので、柔らかい部分だけをいただきます。

食べるタイミングとして「魚をいただきながら途中で」とおっしゃる方も多いのですが、薑は脂の乗った魚をいただいた後に口の中をさっぱりさせるものなので、最後に食べるのが正解です。飾りだけではなく、栄養学的にも考えられたつけ合わせとなりますので、ぜひ召し上がってください。

121 おかずをごはんにのせない

おかずをごはんの上にのせ、一緒に口に入れるのは家庭での食べ方。改まった席やお店ではそれぞれ別に召し上がるようにしてください。会席料理などで、お食事の最後に汁物と一緒にごはんと香のもの（漬物）が出てきたときも、ごはんの上にのせたくなりますが、別々にいただきます。

122 小食の人はその旨を伝えておく

日本旅館では、とても豪華でボリュームたっぷりの食事が出てきますね。小食の方にとっては「残したら失礼だし……」と無理をしてしまうこともあるのではないでしょうか？　また、旅館側も、たくさん残してあるのは残念に思うでしょう。こういった場合は、「小食なので少なめに」とあらかじめ伝え、調整していただくとよいですね。双方にとって気持ちよい滞在のために必要なことです。

123 抹茶のお茶碗の回し方

お茶室で点《た》てたお抹茶以外でも、日本料理店では最後にお抹茶が出される場合があります。お茶室では自分に向けられた絵柄を回転させてからいただきますが、和食店ではとくにその必要はありません。

ただし、ちょっとした気遣いとして絵柄の上に口をつけるのではなく、少しずらしていただくようにしましょう。

お寿司

124 お寿司はひと口でいただく

お寿司は一貫そのもので完成品ですので、崩さず、必ずひと口でいただくようにしましょう。それなりのお店では、お米の量は決して多くありませんが、どうしても一口で食べ切れない方は、「ご飯を少なめにお願いします」とお伝えしましょう。

125 手とお箸、どちらが正解？

握り寿司を召し上がるとき、お箸を使いますか？ 直接手に取られますか？

女性はお箸を使う方のほうが多いかもしれませんね。何軒かの名門寿司店の大将にお尋ねしたところ、「どちらでもよい」というお答えでしたが、直接手に取ることで、職人さんがふわっと握った触感を愉しめるので、五感を総動員して味わいたいという方は、手で召し上がるのがおすすめだそうです。

126 お醤油のつけ方

カウンターでいただくお寿司は、絶妙な量の煮切り醤油をつけて供されることがほとんどですので、そのまま召し上がれます。では、小皿に入れたお醤油はどのようにつければよいでしょうか。

まず、気をつけていただきたいのは、お醤油をご飯の部分にはつけないということ。水分でお米が崩れ、醤油皿の中に一粒二粒お米が残ってしまうのは見た目によくないものです。

お醤油をつけるべきところはネタですので、お箸でいただくのならお寿司をいったん90度横に倒し、その状態で横からお箸で挟み、小皿のお醤油につければ、ネタだけにお醤油をつけられます。

絶対に避けたいのは、ネタをはがしてお醤油をつけてからご飯の上に戻すこと。握り手の方に大変失礼ですし、お行儀が悪い所作となります。

127 軍艦巻きのお醤油のつけ方

ウニやいくらなどをたっぷり乗せた軍艦巻きは、握りのように横に傾けるとネタが崩れ落ちてしまいます。いったんガリにお醤油をつけ、それを軍艦巻きの上からチョンと垂らしていただくといいと言われていますね。もしくは、なるべくごはんに触れないよう海苔の底部分の角につけても。

128 わさびのつけ方

お刺身の上に直接わさびをつける派と、お醤油に溶く派、二つに大きく分かれるようです。私がおすすめしているのは前者です。

わさびの風味をより味わえますし、ネタによってわさびの適量を調整できるからです。わさびを溶いてお醤油の色が見た目に美しくなくなってしまうことも避けられますね。

129 隠語は使うのが粋？

ギョク、ムラサキ、シャリ、ガリ、アガリ……お寿司の世界には独特の用語があります。このような隠語を使うことが通、粋と、好んで口にする方……少なくありませんね。現在ガリ、シャリは一般的に使われていますが、隠語は本来お店側が使うものなので、客側が使うのは、かえって品がない印象になることも。

「おあいそ」も、中高年男性がよく使われていますが、「お会計をお願いします」のほうが私は上品な印象を受けます。

130 同じものを何度も頼んでいいの？

「私、中トロが好きでたくさん食べたいのですけど、何回も同じものを頼むのはマナー違反ですか?」という質問。お好きなものは基本、複数回頼んでも問題はありませんし、「とても美味しいです。もう1貫お願いします」とお伝えすれば、喜んで握ってくださるはずです。

ただし、お店側としては、より美味しさを感じられる順番で、いろいろなネタを味わってもらいたい思いもあるでしょうから、それも考慮したうえで、お好きなものをお願いしてくださいね。

131 寿司店でのNGオーダーとは

「とりあえず、つまみを見つくろってもらおうかな」と、お酒とお刺身だけを召し上がって帰る……ありがちかもしれませんが、以前インタビューさせていただいたある名店の大将は、「うちは寿司屋ですから」と残念な気持ちを伝えてくださいました。

寿司店では、お寿司を味わうのが礼儀となるのです。

132 気になる！ 楊《よう》枝《じ》問題

「テーブルに置いてあるから」という理由で、同席の方の目の前で楊枝を使うのは配慮が足りません。手で覆って隠しながら使ったとしても、かえって「今、楊枝を使っています！」とばかりに目立ってしまいます。

あたりまえだと思っていた行為も、他人目線で見直すことが大切ですね。いくら用意されていても、楊枝は洗面所で使うようにしましょう。

133 淑女は洗面所へ

お食事の場で鼻をかみたくなったときは、できるだけ洗面所に向かいましょう。これは国によって捉え方は異なりますが、日本では、食事の席や人前で鼻をかむのはできるだけ避けるようにしてください。

カジュアルな外食

134 お料理が運ばれるタイミングがずれてしまったら

レストランでお料理が運ばれてくるタイミングが同席の方とずれてしまうのは困りますね。ビジネスや大切な席では、「お料理は同時に持ってきてください」とあらかじめお願いしておくと安心です。

もしも自分のお料理だけが先に来てしまった場合は、まずは相手の方のお料理が来るまで待つ姿勢を見せ、「どうぞ先に召し上がって」と促されたらいただきましょう。ただし、メインゲストがいる場合や、目上の方とご一緒のときは、その方が食べ始めるのを待つのが原則です。

反対に自分のお料理が遅い場合は、「お気になさらず。温かいうちにどうぞ」と、遠慮なく先に召し上がっていただくよう促しましょう。

135 シェア料理は、きっちり人数分に分けるべき？

大皿のお料理をめいめいがお皿に取り分ける場合、唐揚げなどのように個数がわかるものなら人数で割れますが、サラダやパスタ、煮物などは、一巡で終わる量を取るのがよいのか、それとも、もう少し食べたい方が2回目を取れるようにするか、迷いますね。

メンバーや参加者の関係性にもよりますが、何でもキチッと人数分で割るよりも、「召し上がりたい方はまたどうぞ」というスタンスで多少余裕を持たせて取るほうが、大人の余裕を感じさせますね。

136 フォーク（ナイフ）レストの使い方

カジュアルなイタリアンやフレンチなどのお店では、「フォーク（ナイフ）レスト」

と呼ばれるバーのようなものが右側にセッティングされていることがあります。前菜、メインを同じナイフとフォークでいただけるよう、一皿が終わったらそこに置いておくためのものです。

これは箸置きとは異なり、ひと口食べるごとに置く必要はありません。食事中はお皿にハの字に置きましょう。

137 乾杯はソフトドリンクでもいい？

現在はお酒を飲まない方に無理にすすめることはなくなりつつありますので、乾杯もその後もソフトドリンクでまったく問題ありません。乾杯の写真を撮る時など、ひとりだけオレンジジュースだと浮いてしまいそうで気になる……という方は、形だけお酒のグラスを手にし、その後「口をつけていないのでどうぞ」と親しい方に飲んでいただいても。

138 お酒をすすめられたら

以前、中国で会食にお誘いいただいた際、若い方たちのほとんどが初めからまったくお酒を飲まれないことに驚きました。日本ではまだ「1杯くらいならいいでしょ?」「飲んでる?」とすすめられることもありますね。いただいてしまうとその後もすすめられてしまうので、「アルコールのアレルギーで」「ドクターストップなんです」など、最初からお伝えしておくと、お互いに気をつかわなくて済みます。

人や空気に流されず、その場できちんとNOを言えることは、大切なスキルです。

ただし、すすめて下さったことへのお礼の言葉も忘れずに。

139 お酒を飲まない人への会計時の配慮

会食では、お酒をたくさん召し上がる方もいれば、一切口にしない方もいます。お酒好きな方の中には、「そんな細かいこと」「雰囲気を楽しんだでしょ」と全員で割り勘を、という意識の方もいらっしゃいます。

ただ、お酒を頼んだ方と飲まない方の金額がかなり異なるときに、一律に割り勘にしてしまうのは配慮が足りないかもしれません。1円単位までキッチリ計算するのは大人の集まりにはふさわしくありませんが、幹事さんがそれぞれが召し上がった量をある程度計算し提示すると、違和感なく会計できますね。各自が「私はこちらをいただいたのでお支払いします」とお伝えすることも必要でしょう。

140 最後にひとつ残ったらどうする？

取り分けていただく大皿料理やお菓子などが、最後にひとつだけ残ってしまうことがありますね。「どうも手が出しづらい」ということで、みんな気になってはいるものの、どなたも召し上がらないまま時間が経過していく——。

私はこの場合、最後から2番目、つまり、ひとつだけ残してその直前に取った方が配慮すべきだと思います。ご自身が取るときに「こちら、どなたか召し上がらない？」と最後のひとつをみなさんにすすめて差し上げればよいのです。今後、このような場面ではぜひこのお声がけをしてみてくださいね。

141 食べ終わったお皿で育ちがわかる

お食事後のお皿はキレイですか？　たとえ食べているときの所作が美しくても、食後のお皿の上まで心配りができていない方は「育ちがいい人」とは言えません。

あなたのお皿は同席の方の目にももちろん入ります。また、下げていただく給仕の方への思いやりとしても、できるだけ汚さず、美しい状態にしておきたいですね。

ソース類はなるべく広がり過ぎないよう召し上がってください。骨や殻などの食べられないものや残したお料理はひとまとめにしておきましょう。

食べ終わったお皿の状態までが「テーブルマナー」です。

142 スマートな割り勘の仕方

ママ同士の食事会など、グループでの食事の際、お会計時にもたつくのはスマートではありません。お酒を飲まない人への配慮も必要であればなおさら、あらかじめ会計方法を考えておきましょう。次のようにするのがおすすめです。

- 会費制、または3000円、5000円など1人の金額を決めておき、その金額の中でオーダー
- 飲み物は別会計で各自が好きなものを注文し、各自で支払う。そのことをお店にも伝えておく

みなさんの意向にあった方法で、明朗会計に！

143 経済力が異なる場合のお店選び

1回の食事に対して適当と感じる金額は、人それぞれ。「せっかく久々に会うのにファミレス?」と感じる方もいれば、「ランチに3000円は高い!」と思う方も。参加者のどなたかに負担がかかると2回目につながらなくなってしまいますので、二人で会うときも複数での会食も、みなさんが気持ちよく参加できるよう、お店選びは慎重にしたいもの。

お店を相談する際には、価格帯が異なるお店を提案しましょう。ただし、同じフレンチで値段だけが3段階では、低価格のお店を希望しづらいもの。「高価格帯のフレンチ」「カジュアルなイタリアン」「気楽なエスニック」など、お料理のジャンルもいくつか提案することで、「エスニックが食べたいわ」と伝えやすくなります。

こんなとき、不参加の言い訳をさせずに済む配慮ができる方が、育ちがいい人です。

食べ方に迷うもの

144 カレーライス

カレーライスを食べ終えたとき、お皿にルーがたくさんついている状態は気になりますね。ここではその心配を最小限に抑える食べ方をお伝えします。

一般的にカレーのルーをライスに移動させながら食べる方が多いようですが、ルーとライスの境目のところから食べ始めてみてください。

その後も、食べ終わった部分へライスを寄せていきながら、同様に境目のところから食べ進めていきます。こうすると、都度寄せていったライスがルーの跡を拭ってくれるため、食後のお皿がきれいな状態となるのです。カジュアルなカレーこそ美しく召し上がれるのは理想ですね。

145 両手で食べるのがお行儀がよいとは限らない

おにぎり、サンドイッチ、ドーナツなど、手で持っていただくものは、両手で持ったほうがお行儀がよいと思ったことはありませんか？ 和のマナーとして両手使いが丁寧という思いがそうさせるのでしょう。しかし、食べ続けて小さくなってきたものや、元々ミニサイズのものを両手で持って召し上がる姿は、実はあまりエレガントではないのです。アフタヌーンティーのフィンガーフードなども同様です。

片手サイズのものは片手で。わざわざ両手に持って食べると幼い子のような印象を与えてしまいますよ。

146 サンドイッチに歯形を残さない！

サンドイッチやハンバーガー、マドレーヌ、どら焼きなどをかみ切るときは、必然的に歯形がはっきりと残ります。上品にいただきたいレディとしてはちょっと避けたいですね。そこでおすすめなのは、ひと口分を2回に分けるというもの。かむ位置を少しずらして2回かむのです。

これは前作でもご紹介した、食べ物に歯形を残さないためのちょっとしたスキルです。

147 サンドイッチは縦に食べる

歯形を残さない食べ方で、もうひとつおすすめの方法があります。

それは「縦にして食べる」！

通常、サンドイッチは横に寝かせた状態に持って食べますが、それを90度回して縦にするのです。アフタヌーンティーやパーティなどで出されるミニサイズのサンドイッチで試していただくと、歯形がつかないだけでなく、具が横からはみ出るストレスもなく、美しいまま食べることができます。

サンドイッチだけではなく、ハンバーガーなども残りが少なくなってきたらクルッと回して縦にしてみてください。

148 ハンバーガーは〝諏内持ち〟で

ハンバーガーや具がたっぷり挟まれたクラブハウスサンドイッチなど、ボリュームのあるフィンガーフードでも、具がはみ出ないよう美しく食べる方法があります。それは、私が学生時代から行っている〝諏内持ち〟！

多くの方はバンズの下側を親指で支え、残り4本の指で上のバンズを押さえて食べていると思います。

それを、人差し指、中指の2本をバンズの上に、残り3本の指はバーガーの下側に回して挟み持ちます。女性は両手で行ってくださいね。

こうすると、バンズのサイド部分も向こう側も、そし

て上下からもまんべんなく押さえることができ、具がはみ出にくく、バンズがずれることもなく、安定していただけます。ぜひお試しになってみて。

149 大きな口を開ける姿を見られたくない！

デートなどで大きな口を開けて食べている姿は見られたくない！――それでしたら、ハンバーガーを包んであるペーパーやナプキンで口元を隠せばいいのです。包み紙にせよナプキンにせよ、食べる部分の上側にきている紙だけを軽く上に持ち上げます。たったこれだけでごく自然に口元が隠せ、心配なく召し上がっていただけます。

150 お饅頭や中華まんはどう食べる？

あんまんや肉まんに代表される中華まんはもちろん、黒文字（和菓子などをいただくための菓子楊枝）などが添えられていないお饅頭は、手でいただいて構いません。

いずれも手で割ってから口に運ぶほうが上品ですが、うまくひと口分に割れない場合もありますね。

レストランでいただくパンとは異なりますので、必ずひと口分にちぎって……というマナーはありません。割りやすいふた口分ほどにしてからかんでも大丈夫。

その際、サンドイッチと同様に、縦にして食べるとあんがはみ出しにくく、また、歯形も残りません。

151 スープをこぼさず小籠包をいただく

熱々のスープが醍醐味の小籠包は、中のスープごとひと口でいただくのがいちばん美味しいもの。しかし、「ひと口では無理」「途中で皮が破れてスープが飛び散ってしまう」など上手に食べるのは難しいものです。

小籠包は、皮の横側をお箸で挟むと皮が破れてしまいますので、先端部分をそっと摘んでレンゲの上にのせます。いったんレンゲに乗せるのは、失敗してもレンゲでスープを受け止めるため。大きいものは、レンゲごと口元に運び、ひと口で半分ほどいただきましょう。

また、かなり熱い場合は、皮部分をほんの少しだけかじって穴を開け、中身を少し冷ましてから召し上がってもよいでしょう。

152 ピザは「3点持ち」で

本場イタリアではナイフとフォークを使いますが、個人的には手でいただいたほうが美味しいように感じます。ただ、三角にカットされたピザを手で持つと、先端部分が下に垂れ下がってしまい、食べづらいこともありますね。

そんなときは、ピザの左右両方の角を、それぞれ親指と中指で持ち、ピンと伸ばした薬指でピザの中程を底から支えます。

これが、私が推奨する「ピザの3点持ち」!

それでも先端が下がってしまう大きなピザや、ナポリピザのように薄い生地の場合は、先端だけ折りたたんで召し上がってください。

153 ひとりでも「いただきます」が言える

「女性が社食でひとりランチを食べるときに、小さな声で『いただきます』と言ってきちんとお辞儀をしている姿を見て、とても素敵だと思った」という男性の話を聞いたことがあります。誰も見ていないときにこそ、その方の本質が表れます。

たまたま遠くから目にされたこの男性の気持ち、わかりますね。

和菓子・スイーツ

154 大福、桜餅、草餅など伸びる和菓子の食べ方

大福のように生地が伸びるタイプの和菓子も、歯形がつくのを避けたい場合は、ひと口分をずらして2回かみます。また、かみ切った部分の上下の生地がくっついてしまい、横からあんがはみ出るのが気になる方は、139ページでご紹介したようにほどよいところで縦に持ち替えてください。下の歯だけが生地に当たるので歯形もつきませんし、かみ切りやすくもなります。

155 和菓子のきれいな食べ方

ここでは、「うぐいす餅」を「黒文字」でいただく例でご説明します。

「うぐいす餅」とは、あんを求肥《ぎゅうひ》で包み、周りに青大豆を挽いて粉にしたうぐいす粉をまぶした和菓子です。「黒文字」はクスノキ科のクロモジの枝から作った、和菓子を召し上がる際によく使われる楊枝のこと。

放射状などにカットしていく際、いっぺんに切ろうとするとお餅の上下がくっついてしまいますので手前から奥側へ2～3回続けて楊枝を入れていくのがおすすめです。ひと口大になったものに横から楊枝を刺せば、真上から刺すよりもあんがはみ出にくくなります。

また、お皿に落ちたうぐいす粉はすべて食べる必要はありませんが、お餅で軽く滑らせて付着させていけば、食べ終わったあとのお皿も美しいですね。

156 シュークリーム

シュークリームは、手でいただくパターンと、ナイフとフォークでいただくパターンの二つがありますので、それぞれご説明します。

・手でいただくとき

シューが上下に分かれている蓋付きの形状のシュークリームは、蓋をはずしてひと口大にちぎり、そちらでクリームをすくっていただきます。一体型の場合は、上部分のシューを手でちぎり、同じようにクリームをつけていきます。クリームを注入した穴があれば、そこからちぎっていくと簡単です。

・ナイフとフォークでいただく場合

蓋付きの場合は、ナイフとフォークで蓋の部分をはずし、お皿に仰向けに置きます。それをひと口大にカットし、ナイフでクリームをのせて食べ進めましょう。蓋部分を食べ終わったら、次は下のシューとクリームもひと口大にカットしていただきます。シューに切れ目がないタイプは、横からナイフを少しずつ入れて一周カットし、その後は同様に召し上がってください。

ちなみに、シュークリームという呼び方は日本独自のもの。英語では「Cream Puff」、フランスでは「chou a la crème」といいます。海外で「シュークリーム」と言うと靴クリームと勘違いされるのでご注意を。

157 食べにくいケーキNo.1のミルフィーユ

フォークを刺しても、ナイフで切ろうとしても、クリームがはみ出してしまうミルフィーユは、食べにくいお菓子の代表格。

サーブされたままではうまくカットできないので、思い切って倒します。こうすると、フォークも刺しやすくなりますし、ナイフを当ててもサクッとカットができます。何より、パイが上から押されないので、クリームがはみでるストレスもなくなりますね。

アフタヌーンティー

158 ティーカップのソーサーは手に持つべき？

フランス料理のテーブルマナーでも、アフタヌーンティーマナー講座でも必ずいただく質問が、「ソーサーも持って飲むのが正式なマナーですよね？」というもの。ソーサーを手にする姿はどことなく上品に見えるのでしょう。

通常の高さのテーブルで座って飲む場合は、ソーサーを持つ必要はありません。持ったほうがよいのはカップが置かれた場所が口元から遠い位置にあるとき。ソファに座ってローテーブルに置かれたコーヒーや紅茶を飲む場合、口元までに距離がありますのでソーサーごと持ち上げます。立食の場でも同様です。

159 美しく見えるソーサー&カップの使い方

ソーサーごとカップを持って飲むときは、まず胸元からウエストの辺りへ引き寄せ、いったん動作を止めてから飲むようにすると上品です。

また、ティーカップは、ハンドル（持ち手）部分に指を通さず、つまむように持つとエレガント。人差し指、中指、親指の3本でハンドルをつまみ、残りの2本の指で支えるように持ちましょう。

160 もっと上品にスプーンを使う

コーヒーや紅茶をスプーンで混ぜる所作を美しく優雅に見せるには、クルクルと混ぜるのではなく、縦に線を描くようにしてみてください。前後にゆっくりとスプーンを往復させるイメージです。

この混ぜ方は所作が美しく見えるだけではなく、逆流を適度に繰り返すことで早く混ざり合うようです。美しい所作は、見た目だけでなく、理にかなっているものも多いのです。

161 使ったもの、使わないものは奥へ

コーヒーカップやティーカップでいただく際、スプーンをはじめ、スティックシュガーやポーションミルクなども、使った後はカップの向こう側へ置きましょう。

手前に置いたままでは、カップを持ち上げるたびにぶつかります。未使用のものでも同様にしましょう。

162 レモンティーのレモンはいつまで入れておく？

レモンティーに添えられた輪切りレモンは、カップの中に入れたままにしておくと苦味が出てしまいます。紅茶の色が変わった頃を目安に、スプーンで取り出し、ほかのものと同様、カップの向こう側に置くようにしましょう。

163 アフタヌーンティーのＴＩＰＳ

・スコーンを縦に割らない

アフタヌーンティーに欠かせない温かいスコーン。横に割れ目ができていますので、まずは手、もしくはバターナイフなどで横方向に半分に割りましょう。必要に応じてさらに割り、ジャムやクロテッドクリームをつけていただきます。

・スコーンをナイフで切るのはＮＧ

スコーンは、もともとスコットランド王の載冠式の際の玉座とした石を模したものといわれます。この神聖なる石に敬意を表し、英国ではスコーンにナイフやフォークを入れることは無礼と考えられていたそう。現在では、さまざまな国でナイフが添えられますが、覚えておくと、もしものときに失礼になりませんね。

・クロテッドクリームとジャムはどちらが先？

スコーンには、クロテッドクリームとジャムが定番。どちらを先につけるのがマナーということはありませんが、こだわり派は「ジャムから」とも言われています。理由は、「温かいスコーンにクロテッドクリームを先につけてしまうと溶けて流れてしまうから」。先にジャムを塗り、その上にクロテッドクリームを重ねるということで一理あるといえます。私もこちら派です！

・紅茶は、まずストレートで味わう

アフタヌーンティーという優雅なお時間にゆっくりいただく紅茶は、まずは何も足さず、茶葉そのものの味と香りを愉しみましょう。その後は、お好みでミルクを入れて召し上がれ。

イギリス発祥のアフタヌーンティーは、通常レモンが出されることはありませんが、ご用意があれば頼んでみてもよいでしょう。

第 4 章

食事の場で

column

「お好きなものから」を、そのまま受け取っていいか

寿司店で「何から頼んだらよいか?」を気にされる方へ、参考になれば。

「今、ハワイで最も予約が取れないレストラン」といわれるリッツ・カールトンの名店「すし匠」さん。以前、大将の中澤圭二さんと対談した際にお尋ねしたところ、「コハダ」というお答えでした。

中澤さんいわく、「玉子は専門店に外注するお店もあるが、コハダを外注しているお店はほとんどないので、お店の力量が表れる」とのこと。

お料理は基本的に、淡白なものから味の濃いものへ進んでいくのが理想です。ですから、お寿司であればさっぱりしたコハダから始めるというのもお勧め理由のひとつなのですね。

おそらく多くのお店では、「お好きなものから召し上がっていただくのがいちばんですよ」「マナーなんて気にしなくてよろしいですよ」とおっしゃるでしょう。

しかし、サービス業としての言葉をそのまま受け取り、どのお店でも通じると考えてしまうのは、大人としていかがでしょうか。「この順番だともっと美味しく召し上がっていただけるのに」「他のお客様が不快に思われるからやめていただきたい」との本音を口に出せないことも想像できるとよいですね。

注文する順序ひとつとっても、「職人の技術やセンスを存分に味わう」という気持ちは、職人の方への敬意であり、周りのお客様への配慮でもあり、また私たちが最も美味しくいただくための気遣いでもあるのです。

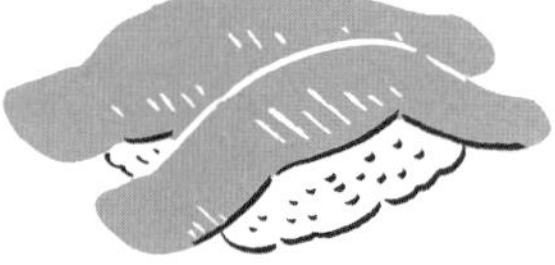

レストランやショップ、ホテルで
接客を受ける際も、
人対人であることに変わりはありません。
相手の方への敬意と感謝は忘れない。
その心がなければ、正当なリクエストも
単なるクレームになってしまいます。
サービスを受ける立場のときこそ、
その場の全員が心地よくあること、
そして節度ある対応を心がける。
品格のある人の条件です。

第5章

公共の場でのふるまい

気遣い

164 マスクをしたままの挨拶は失礼？

「マスクのままで失礼いたします」というひと言が礼儀とされる時期が長くありました。しかし、マスクの常識やマナーは変化しています。マスクをしていないことで相手を不安にさせたり、違和感を感じさせてしまう状況があることも心得、俯瞰力をもってその場に応じた配慮あるふるまいをしたいものですね。

165 相手にマスクをしてもらいたいとき

会話中、お相手にマスクをつけてもらいたくても言い出せない……というときは、自分のためではなく、相手のためというニュアンスで伝えるのがおすすめです。

「私がご迷惑をかけてしまうといけないので、よろしかったらこちらをどうぞ」と予備の新しいマスクをお渡ししてはいかがでしょう。「あなたから、うつったら私が困るので」という、とられ方とはまったく異なります。

166 ごくあたりまえにお礼の言葉が出る

ショップやスーパーで、店員さんに「ありがとうございました」と見送られるとき、挨拶言葉をお返ししていますか？　人と人との当然のコミュニケーション作法として、「ありがとう」や会釈くらいはほしいもの。

売り場を尋ねたときも同じです。「コーヒー豆は○番の棚でございます」「ご案内いたします」と対応いただいた際に、「ご丁寧にありがとうございました」など、自然とお礼の言葉を伝えられるかどうか。そこに育ちが表れます。

167 一度トレイに取ったものを戻さない

パン屋さんで、一度トレイに取ってから戻す姿は、誰もが快く感じません。衛生面も気になりますね。個包装されていない商品ならなおさらです。

もし間違えて取ってしまったり、途中で必要なくなってしまった場合は、棚へ戻すのではなく、レジで「申し訳ありませんが、こちらはお戻しいただいてもよろしいですか」とお聞きして。

168 ブティックで声をかけられたとき

「いらっしゃいませ。今日は何かお探しですか?」。ブティックに入ったときの、この声がけが苦手な方が多いようです。

買わされるなどという警戒は不要ですから、「特に決めてないのですが、ちょっと寄ってみました」「いえ、いろいろ見せてください」など、自然なコミュニケーションをとればよいのです。

「こちらは今日入ってきたばかりなんですよ」「ご試着もできますので」など、自分には不要な声がけと感じた際は、「はい、何かあったらお声がけさせていただきますね」と遠回しにお断りをしても。

私の場合、目的なく入った際は「待ち合わせ前に少しお時間があったので寄ってみました」と伝えたり、「今日は時間がないのでまたゆっくり参りますね。どうもありがとう」と挨拶して帰ることもあります。

169 エスカレーターで気になる距離感

エスカレーターで自分の後ろの方の距離が近いと圧迫感があり、不快に感じますね。混雑しているとき以外は一段空けて立つのがほどよいディスタンスのようです。

空いているときも、前に詰めて乗っていた方は、もしかしたら「距離感のない人」という印象を与えていたかもしれません。会話の際など他の場面での距離も見直してみてくださいね。

170 集合写真ではあまり遠慮しない

集合写真を撮る際に、遠慮して端のほうに立ってしまう方はちょっと損をしているかも。写真の端のほうは、残念なことに顔が歪み横に広がって写ってしまいます。

集合写真でセンターは目上の方や主役の方におすすめするのがマナーですが、可能な範囲で中央に近い位置で写るようにしてみてください。

171 お見送りはどこまで？

お別れの際には日本人特有の丁寧な所作が求められます。

見送られる方は、曲がり角や乗り物に乗るときに一度振り返ることが礼儀ですから、見送る側もそこまで見届けましょう。もう一度お辞儀を……と振り返ったとき、すでにいらっしゃらないのは何とも寂しいものですし、振り返ったときにまだ見送ってくださっている姿には、心の温かさや育ちを感じられるものです。

ただ、あまりに長く見送るのもお互い気まずいもの。見送られる方は、早めに角を曲がるなどちょっとした気遣いも必要です。もしくは、「ありがとうございます。こちらで結構でございます」とお伝えして失礼するのもいいかもしれませんね。ショップやサロンでお見送り頂く場合も同様です。

172 自分の子にだけ、は違和感を与える

何組かの親子で一緒にお出かけした際、自分の子にだけおやつを買ってあげたら……他のお母さまは違和感、不快感を感じてしまいます。

ひと言「○○ちゃんも食べる?」と聞いて差し上げる、もしくは、みなさんの分も購入するのが礼儀でしょう。

一事が万事。周りの方の感情に無頓着な方は、関係がギクシャクしてしまいがちです。常に俯瞰力を育てていきたいですね。

神社・仏壇

173 仏壇にお参りするときの作法

お線香の本数や拝む際の所作、段取りは宗派や地域によって異なります。しかし、どの場合でもマナー違反となるのは、お線香の火を息で吹き消すこと。仏教では口から出た息は不浄のものという考えがあるので、ついやってしまわないよう気をつけましょう。火は必ず手で仰いで消してください。

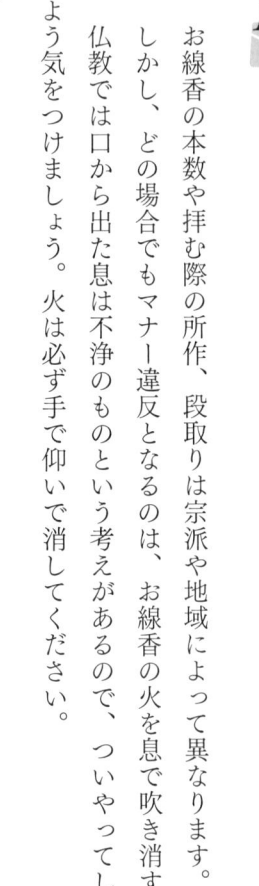

174 神社でのお参りの注意点

神社は神聖な場所。神様の前では帽子、サングラスなどは取り、夏でも肌の露出の多い服装は避けます。

お参りの際は、参道の中央は神様が通る場所なので避け、端を歩きます。

なお、勘違いされている方もいらっしゃるのですが、お賽銭を投げ入れる行為は大変失礼なこと。お賽銭箱のふちまで丁寧に運んで入れましょう。

ホテル・旅館

175 床の間に荷物を置くのは言語道断

最近、和室に慣れていない世代の方が、一段高くなった床の間を荷物置き場と勘違いされることもあるのだとか。

床の間は、季節の花を生けたり、掛け軸や置き物を飾るなど、お客様へのおもてなしの心を表す場所。荷物を置くのは、非常識かつ無作法な行いです。大人として、和室での所作は心得ておきたいものです。

176 畳の上に荷物を置いていい？

畳は傷つきやすいので、特にキャリーバッグなど傷つけるおそれのある荷物を置くのは避けましょう。荷物置き用のラックなどがない場合は、床の間以外の板の間に置くようにします。なおキャリーバッグの車輪部分は、たとえ板の間であっても接触しないよう配慮しましょう。

177 チェックアウト時のベッド、どうなっている？

寝て起きたままの状態のベッドは、本来なら人に見られたくないものです。メイドさんや仲居さんに対しても同じこと。元通りまでのベッドメイキングは必要ありませんが、レディたるもの、部屋を見苦しくない状態にしてからチェックアウトに向かいましょう。時間がなくても、掛け布団くらいはさっと整えておくのがマナーですね。

178 タオル、寝巻もチェックして美しく去る

使用後のタオルは、洗面所やバスルームにひとまとめにしておきます。もちろんぐちゃぐちゃな状態はNG。片付けてくださる方への気遣いとして、軽くたたんで重ねておきたいもの。浴衣や寝巻も、脱ぎっぱなしではなく簡単にたたんでベッドの上などへ。ホテルでも旅館でも、去るときは美しく。育ちのよさがよく表れる場面です。

179 心地よい滞在には「Thank you」を

「清潔なお部屋で気持ちよく過ごすことができた」「極上のおもてなしで心地よいステイだった」と感じたときは、ぜひその思いを客室係やコンシェルジュなど、ホテル側に伝えたいですね。

海外の滞在先で「Thank you for your hospitality.」など、メモとともにチップを置くように、ぜひ日本でもメモを残すなどして仕事ぶりを讃えたり、感謝を表したいもの。双方が温かく幸せな気持ちになれます。

180 旅館で布団はたたまないのがマナー

意外とご存じない方が多いのですが、旅館では朝起きたら布団はたたまないのがマナーです。「敷きっぱなしでは見苦しいから」と掛布団を四つ折りにしたり、敷布団を三つ折りにしたりするのは、かえって仲居さんの手間を増やすことに。

それぞれの旅館のやり方があるので、掛布団をサッと整えるだけに留めましょう。

181 大人なら仲居さんに心づけを渡すべき？

30代くらいになると、旅館では「心づけ」を渡すのがマナーでは？と気になってくるものでしょう。しかし、基本的には不要です。日本の旅館もホテルも、料金にサービス料が含まれているからです。心づけをお渡ししないとサービスに響くということはないので、特別気負わなくて大丈夫ですよ。

182 心づけを差し上げるべきとき

旅館などでの心づけは「お気持ち」なので、決してマストではありません。では、一体みなさんはどのようなときに心づけを包むのでしょうか？

赤ちゃんや幼い子ども連れの場合や、高齢の方と一緒に滞在する際など、何かとお世話になるというときには、ご用意するとよいでしょう。

また、特別に送迎していただいた、お料理にアレルギーの対応をしていただいた、よいお部屋にアップグレードしてもらったなど、特別なサービスを受けた際に、感謝の気持ちを心づけとして表してみるのもよいですね。

183 心づけはいつ渡すのが正解？

宿に到着してお部屋に案内してもらい、仲居さんがお茶やお菓子を運んできてくださった際にお渡しするのが自然です。「子どもがおりますので、大変お世話になります」「ほんの気持ちですが」など、ひと言添えて丁寧に差し出します。

184 粋な渡し方

一般的には、到着時にお渡しする方が多い心づけですが、「本当に素晴らしいおもてなしだった」「いい時間を過ごせた」「思いがけずにお世話になった」などの感謝や喜びを表したいとき、帰り際にそっと差し出しても粋ですね。

185 むき出しで渡さない

大人としてあってはならないのが、何も包まずにむき出しの現金でお渡しすること。こんなとき慌てないよう、ポチ袋を常に準備している方は育ちのよさを感じさせますね。お懐紙で包むのもよいでしょう。前作でもお伝えしましたが、お懐紙はメモ、包み紙、ティッシュ代わり……と何かにつけ役に立ちますので、携帯しておくと便利です。「ティッシュで包んでもいいですか?」と聞かれることもありますが、大人としては少々恥ずかしい行為となります。

186 で、いくら包めばいいの？

心づけは本当に〝お気持ち〟なので、金額に決まりはありません。ですが、それでは見当がつかず、困ってしまいますよね。

これは単なる目安ですが、もし迷われたときは、宿泊料金の1割前後と考えるとよいでしょう。もちろん、お願いすること、していただいたことに対しての感謝の気持ちですから、それ以上でもそれ以下でもまったく構いません。

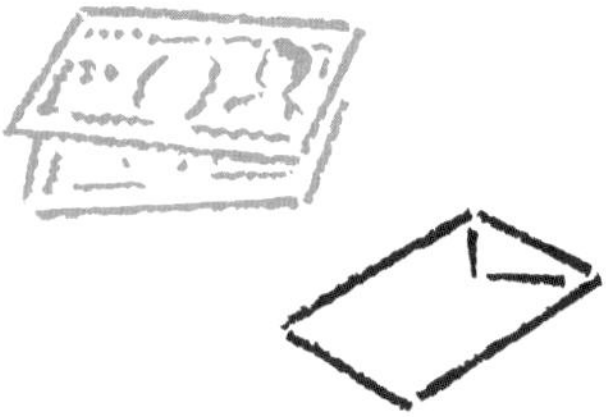

フォーマル

187 かき上げ女子はご注意

ロングやセミロングヘアの方は、畏まったお食事会やパーティなどでアップスタイルにすると、フォーマル感が高まります。もちろんダウンスタイルでも問題ありませんが、髪をかき上げたり、何度も髪に触れるふるまいは、食事の場で清潔感を損ないますので、癖になっている方はご注意を。

188 セレモニーには、ハンドバッグ＋サブバッグ

冠婚葬祭や入学式・卒業式などのセレモニーに出席するときは、ショルダーバッグ

ではなく、ハンドバッグが適しています。それだけに収まりきらないときに一緒に持つサブバッグは、慶事用、弔事用など使う場面に合わせてデザインを選びましょう。

色はオールマイティなネイビーをお持ちの方が多いようですが、PTA、お受験ママ風に見えてしまい、華やかな場所では物足りない気も。レースやビーズをあしらったものや、光沢のある生地を使ったものを探してみてはいかがでしょう。

お祝いやパーティの招待を受けたときに困らないよう、準備しておけるとよいですね。

189 クラッチバッグの持ち方

クラッチバッグはスタイリッシュ、エレガント、両方の表情を持ち、フォーマルの席でぜひ持っていただきたいバッグですが、残念ながら素敵な持ち方の女性は少ないようです。片手で下から抱えて脇に持つ、いわゆる「集金持ち」というスタイルをよく見かけます。

決まりがあるわけではありませんが、男性に多い持ち方なので、女性としてはできればもっとエレガントに見せたいもの。

パーティ仕様の小ぶりのクラッチバッグでしたら、バッグの上側から手ではさむように持つのがおすすめです。指先をスッと流すとさらに女性らしく映ります。お写真を撮る際にお試し下さいね。

パーティ

190 パーティ会場で最初にすること

パーティに参加するときは、大人としていくつか心得ておきたいことがあります。まず、会場で受付を済ませたら、タイミングを見てなるべく早めに主催者の方にご挨拶を。

おめでたい席であればお祝いの言葉と、「本日はこのような素晴らしい会にお招きいただきありがとうございます」と招待してくださったことへのお礼を述べましょう。「忙しそうだから」「恥ずかしいから」とご挨拶なしで過ごすことがないように。

191 立食パーティは食べ放題の場とは異なります！

パーティは初対面の方など、多くの方との交流が目的のひとつです。ズラッと並んだ華やかなお料理は魅力的ではありますが、会の意図を考えれば食べるのは二の次。お料理は適量を上品に盛りつけ、会話や交流をメインにエレガントに品よくふるまいたいですね。

192 パーティで誰と話しましたか？

交流がメインのパーティでは、一緒に伺った方たちだけでかたまっておしゃべりしていては意味がありません。大人として主催者の意図を理解し、お近くの方々とぜひ会話をしてみましょう。

私はよく、パーティへは最低でも10個は話題を用意して向かうようお伝えしています。「主催者の○○さんとは仕事上長いおつきあいなんです」「心温まる素敵なパーティですね」など、主催者や会の趣旨にちなんだ話題を書き出してみてください。意外とたくさん出てくるものですよ。

193 椅子には座らない

立食パーティの会場に少しだけ用意された椅子に、バッグや資料、そしてなんとハンカチを置き、席を確保してからビュッフェに向かう方がいらっしゃいます。これは明らかなマナー違反。基本的に会場の椅子は、疲れたときなどに短時間利用するものであって、飲食するためのものではないと心得ましょう。ご高齢の方や本当に必要な方のことを常に考えたいですね。

194 困った。知り合いがいない！

知り合いが誰もいないパーティというのは、所在ないものですね。周囲の会話が盛り上がっているとますます孤独になってきます。ひとりでお料理を取って食べるのも気が引けるし、もうグループができてしまっていて輪に入れないし……。

そんなときこそ、「これも社交のレッスン」と考えてみてください。お隣りにいらっしゃった方、目が合った方にはぜひ声をかけてみましょう。その際におすすめの言葉が、「ご挨拶させていただいていいですか？」です。このひと言でどなたとも会話の一歩が踏み出せますよ。

195 知り合いがいないことを正直に言う

「ご挨拶させていただいてよろしいですか？」と最初のお声がけができたら、「今回知り合いがいなくて不安だったので、お話できてうれしいです」と正直におっしゃってみて。不安な気持ちを素直に伝える方には好感を持ってくださるはずです。また、「それでしたら……」とお知り合いをご紹介してくれるかもしれません。

196 パーティの途中退室はあり？

せっかくお招きいただいたパーティでも、所用で抜けなければならないこともあるでしょう。特別な場合を除き、その旨をホストや幹事さんに知らせておくのもマナーです。「スピーチをしてほしかった」「○○さんをご紹介しようと思っていた」「お土産をお渡しする予定だった」ということがあるかもしれません。

「途中で失礼しなければならないのですが、それまで楽しませていただきます」など配慮のある言葉でお伝えしましょう。

197 抜ける旨は会の初めに伝える

宴もたけなわのときにホストをつかまえるのは大変。「これで失礼します」という言葉は盛り上がりに水をさすことになるかもしれません。

やむを得ず途中で失礼しなければならない場合は、ホストに余裕がある早めの時間にその旨を伝えましょう。その際、「お祝いの言葉＋お招きに対する感謝の気持ち＋途中退席のお詫び」の3つは必須です。

おつきあいで大事なのは、親しさと礼儀のかねあい、
そして、相手の方が本当に求めていることを
考えられる想像力です。
経験を重ねることで気遣い上手になっていきますが、
まずは、この章で紹介する心得を基本に
ふるまってみてください。
どんなときでも、「相手に心地よく」という
心づもりでいれば心配はありません。

第6章
おつきあい

おつきあい

198 親密度で紹介する順番が変わる

初対面の方同士を引き合わせる席でどちらから先に紹介すればいいかと迷ったら、「そのメンバーでキーパーソンになる方に、先に情報を伝える」と覚えておきましょう。複数の方が集まる場では正解はひとつではありませんが、日頃からイメージトレーニングをしておくと、とっさのときでもスマートにご紹介ができるようになりますよ。

199 目上の方に下座をすすめていいとき

レストランやカフェなどでは、一般的に壁側、窓側など、入り口から見て奥の席が上座となります。しかし、桜が見事な春、新緑の美しいシーズン、紅葉がきれいな秋など、お庭や景色が素晴らしい場所でしたら、外がよく見える手前側、つまり本来の下座が上座となることもあります。

そんなとき、目上の方など本来上座をすすめるべき方には「こちらのお席のほうがお庭がよく見えますので」と、ひと言添えて誘導されるとよいでしょう。または、「どちらがよろしいですか?」とご本人に委ねてみても。

200 「お好きなものをどうぞ」と言われたときの選び方

「お好きなものをどうぞ」と何種類かのお菓子や飲み物などを出された場合、それぞれの数が少ないと、本当に好きなものを取っていいのかどうか迷ってしまいますね。

私の友人に、そんなときごく自然にほしいものを手にできる人がいます。彼女は「わあ! 抹茶おいしそう! あ、でもみなさんお好きなものを取って」と素直に口に出すので、周りに「〇〇ちゃん、抹茶味がいいでしょ? どうぞ」とすすめていただけるのです。こういった自然なふるまいなら微笑ましく感じますね。

201 お土産はその場にいるみんなに渡すべき?

周りに人がいらっしゃるなかで、おひとりだけにお土産を渡したいとき、少々気が引けますね。ひとりになられたタイミングでお渡しできればよいですが、それが難しい場合は、「いつもお世話になっております。先日はありがとうございました」など、感謝やお礼の言葉を伝えてから、「京都へ行ったので……」と添えてみてください。

単純なお土産というより、お世話になっているお礼という意味になり、周りの方にも違和感を感じさせずにお渡しできますよ。

202 キャンディひとつでも育ちのよさはわかる

どなたかと一緒の場面で、持参のキャンディなどをひとりで口にしたら……たとえ相手の方はまったく欲しくなかったとしても、「あら、ひと言お聞きにならないのね」と気になるものです。些細なことではありますが、「おひとついかが?」「召し上がる？」などといったお声がけをお忘れなく。

数がない場合や、理由があってお分けできない場合も、「ちょっと失礼します」「朝から喉の具合が悪いので、失礼してのど飴をいただきます」と、ひと言添えてから口にしましょう。小さな心遣いが、育ちがいい人かどうかの分かれ目になるのです。

203 うれしくない物をプレゼントされたとき

贈り物はとてもうれしいものですが、いただいた品物が好みに合わないということもあるものです。しかし、相手の方のお気持ちや、品物を選び、購入し、お支払いしてくださった時間や手間に感謝し、ありがたく受け取りましょう。

ただ、多くの方が困ってしまうのは、アクセサリーやスカーフ、香水、服など身に着けるものをいただいた場合ではないでしょうか。たとえ自分の趣味に合わなくても、やはり1〜2回は着用している姿をお見せしたいもの。難しければ、「先日、いただいたストールを使わせていただきました。ありがとうございました」と他の場所で着用した旨をきちんとお伝えしましょう。

204 夫の職業や子どもの自慢をされたときは

昨今、「マウンティング」という言葉をしばしば耳にします。住んでいる場所、夫の職業、子どもの成績など、あらゆることで「自分のほうが優れている」ということをアピールする行為だとか。

自分がしないのはもちろんのこと、もしされた場合も、「うちの主人はね……」と対抗してしまっては、同じレベルになってしまいます。品よく受け流して、そういったおつきあいからは距離をとるのが賢明です。

とはいえ、「ママ友仲間から外れたくない」と思う方もいらっしゃるでしょう。でも、ママ友はあなたが選ぶもの。大人として挨拶はしっかりし、心の中ではきちんと線引きを。「あの手の関係が好きではないので、私はママ友づきあいは一切していません」と言う生徒さんは、余計なストレスのない、芯のある生き方をされているようにお見受けします。

訪問

205 訪問時間は食事どきを避けて

友人、親戚、同僚、上司などのご自宅を訪問する際は、食事時を避けるのが基本です。では、具体的に何時がいいのでしょうか？

8時や9時など朝早い時間、また、夕食後の夜の時間も配慮に欠けます。ベストは、午前なら10～11時頃、午後なら2～4時、遅くても5時頃まで。

また、たとえ話が盛り上がったとしても、長居しすぎないのが育ちがいい人。2時間程度を目安にお暇《いとま》したいですね。

206 「近くまで来たので……」突然の訪問はあり？

「近くまで来たものですから」と突然訪れるのが珍しくなかった時代もありましたが、携帯がある現在では、身内やよほど親しい間柄でない限り「突然」は失礼となります。携帯に電話をかけるのでさえ、「今、お電話していいかしら？」とあらかじめ尋ねるのも珍しくないほど、「いきなり電話する」「いきなり訪ねる」ことに抵抗を感じる方は増えています。意識しておきましょう。

207 むしろここがわからなかった！ 靴を脱ぐときの所作

訪問先の玄関では、「正面を向いたまま靴を脱いで上がり、振り返って腰を落とし、靴の向きを変える」と前作でお伝えしたところ、大きな反響がありました。同時に、「靴から足を抜くときの正しい所作がわからない」と、新たに思わぬお問い合わせが！ 確かにこのような細かい所作を教わる機会は、なかなかないものですね。

パンプスでしたら、片方のかかとの側面をもう一方のかかとの側面にグッとつけてそのまま足を抜くことで、手を添えずにすっと脱げます。

注意していただきたいのはボタンつきのストラップなど、手を使わないと脱げない場合。深く上体を折り曲げてストラップをはずす所作は美しくありません。

正しい所作は、上半身はまっすぐに保ったまま、スッと腰を落とし、ストラップを外すというもの。

なお、立ったまま片足を上げて外すのも、美しさの観点からNGです。

208 人前でブーツを脱ぐときは

目上の方のお宅を訪問するときや靴を脱いで上がる和食店での会食では、できるだけブーツは避けて、とお伝えしています。脱ぎ履きに時間がかかり、人をお待たせしてしまいますし、美しい所作での脱ぎ履きが難しいからです。待たせている、見られている、と思うと緊張して焦ってしまうのも困るところ。

ロングブーツの美しい脱ぎ履きの所作は、私のレッスンでもお伝えしていますが、普段使っていない筋肉も使うので皆さん大変なご様子。大切な場で視線を浴びながら「すみません……」と脱ぎ履きすることを思うと、ブーツは避けるのが無難です。

209 脱いだロングブーツを置くとき

ロングブーツは、脱いだあとにも気遣いが必要です。立てて置いたはずなのに、帰る頃にはクタッと折れ曲

がり、左右に分かれて倒れてしまったり……。これではあなたまでが「だらしがない人」のように映ってしまいます。

ロングブーツを脱いだら、すぐに左右とも一方向に折ってしまいましょう。あらかじめ折っておけば、あとでバラバラに倒れることなく安心です。

やはり、訪問のときはブーツに限らず、玄関でできるだけスムーズに脱ぎ履きできる靴が理想です。とくに彼のご実家への初訪問や会食など大切な場面では、たったひとつのボタンであっても、留め外しの際はとても緊張するもの。余計な緊張を減らし、安心して美しい所作ができる靴を選んでくださいね。

210 訪問先のスリッパは素足で履かない

まず、訪問先へ素足で上がることはマナー違反と覚えておきましょう。ご用意いただいたスリッパを素足で履くことは失礼にあたります。スリッパのご用意がないご家庭であっても、靴を脱いだばかりの足でペタペタと歩かれるのは心地よくないはずです。

親しい方のお宅なら、マイスリッパや携帯スリッパを持参するのもよいでしょう。

お子さん連れの場合は、玄関できれいな靴下に取り替えさせれば、双方が気持ちよく過ごせます。

211 スリッパホルダーに戻すのはやりすぎ

訪問先をお暇する際に、脱いだスリッパはどうされていますか？ スリッパホルダーに戻すことが親切で丁寧なふるまいとお考えになるかもしれませんが、スリッパホルダーに収めるのは〝収納〟であり、本来、家主が行うことです。

お客様としては、脱いだスリッパをくるっと回して揃えておくだけで十分です。

212 手土産は床に置かない

訪問先の玄関で、ひと手間かかる靴を脱ぐとき、バッグや手土産をいったん床に置きたくなりますね。ご自身のバッグはよしとして

も、これから相手に差し上げる手土産を床に置くのは失礼な行為となります。とくに、食べ物の場合は避けてください。手土産はできるだけ手に持ったまま、もしくは、腕にかけたままで上がりましょう。

213 訪問先でのほめポイントの見つけ方

初めてのお宅を訪問するときは、そのお宅の家具やインテリアなどの設《しつら》え、お庭やその草花をはじめ、「素敵なおうちですね」と家そのものをほめることも多いでしょう。また、物ではなくても、お掃除が行き届いていることや日当たりなど、何かしらよいところを見つけてほめることが、心地よい会話の糸口になります。

もしどうしても見つからない場合は、「居心地がいいわ」「落ち着きます」など、ここに来られてうれしい、という気持ちをお伝えして。

214 手土産を紙袋のまま渡していいとき

手土産をお渡しするときは、紙袋ごとではなく、袋から出してお渡しするのが正式なマナー。お祝い、お中元、お歳暮をお渡しするときや、目上の方のお宅に伺ったときなどは、マナーに則ってふるまいたいですね。

ですが、例外もあります。お渡しする場所がお店や廊下、屋外であったり、近くに従業員がいるビジネスシーン、また、相手がお急ぎの場合は、紙袋ごとお渡しするほうが適しています。まずは、基本のマナーを知ったうえで、その場に合わせたふるまいに適切にシフトできることが、育ちがいいと感じさせる条件です。

215 早めに帰りたいときは相手を気遣う言葉で

訪問で会話が盛り上がり、お暇するタイミングを失い長居をしてしまった……ということはよくあるものですね。それを避けるには、「今日、3時には出なくちゃならないけど、お宅は何時頃まで大丈夫？」と最初にお声がけしておくこと。自分の都合だけでなく、相手の都合も気遣っている言葉となり、ソフトな印象に伝わります。

216 「いいのよ、あなたは座ってて」と言われたら？

ご主人の実家で、「あらいいのよ、あなたは座っててちょうだい」とお義母様に言われたら、「ありがとうございます」と座ってしまっていいのでしょうか？　遠方なら、到着した日は移動の疲れもあるので、ある程度甘えてもいいかもしれません。ただし、その際にも「いいえ、何か手伝わせてください」「いえいえ、洗い物をしますので」など、2回は申し出たいもの。それでも「大丈夫よ」と言われたら「じゃあお言葉に甘えて……」。何かあったらおっしゃってください」とつけ加えましょう。

しかし、お客様ではなく家族ですので、滞在が長くなるのであれば、若いお嫁さんのほうがたくさん動く、と心得て。

217 テーブルに出されたお菓子を取るタイミング

「どうぞ召し上がって」と、大皿に盛られたお菓子がテーブルに出されたまま、誰も取ろうとしない――遠慮がちな日本人によくある光景ですね。

こんなときはホスト側の配慮が必要です。「これ美味しいのよ。どうぞどうぞ！」と器を寄せたり差し出したり、「〇〇さん、いかが？」とお名前をおっしゃってすすめれば取りやすい雰囲気になります。

ホストからそんな言葉がない場合は、「おいしそう！　〇〇さんどれになさる？」「お先にどうぞ」と、近くの方を促して差し上げることで、みなさんが遠慮することなく手を出せるきっかけになりますね。

お招き

218 手土産がかぶってしまったら

お客様のためにおもてなしのお菓子を用意していたところ、お客様の手土産とかぶってしまった——同じお店のものではなくとも、このようなことはたまに起こります。旬のものや季節の限定品など「これぞ！」というものも重なることがありますね。

でも困ることはありません。手土産はお客様も一緒に食べようと思ってお持ちくださっている場合が多いので、「実は、私も似たようなものを用意していたの。奇遇ね！」と、どちらもお出しすれば「気が合うわね」と笑い話になるでしょう。

もしくは、「こちらはどうぞお持ちになって、ご家族で召し上がってね」と、用意していたものはお持ち帰りいただくのもおすすめです。

219 ママ友の子どもに、家のものに触れてほしくないときの伝え方

幼いお子さん連れのお客様がいらした場合、お子さんに家の中のものを勝手に触られるのでは、と内心ハラハラしても、なかなか言い出しづらいもの。

そんなとき、「それ、触らないで」と直接注意するときつく聞こえてしまいます。「それ、お戻ししてくれる?」「見たいものがあったら言ってね」と言い換えることで柔らかく伝わり、ぎくしゃくするのを避けられます。

逆に、訪問する側のマナーはどう考えたらよいでしょう?

「おうちを一歩出たら、すべて人のもの」と教え、「これ触ってもいいですか?」と許可をいただく癖をつけておくとよいですね。

220 目下の人への気遣い

ある生徒さんのお話です。

「夫の実家に帰省したとき、お寿司の出前をとってくれたんです。義理の母が『直箸《じかばし》で好きなものを取ってね』と言ってくれたのですが、ウニやトロなどの高価なものには手を出しづらくて……」

確かに、「遠慮しないで好きなものを召し上がって」と言われても、立場上なかなか手を伸ばせないということもあるでしょう。

こんなときは目上の方やホストから「○○さん、ウニはお好き？」「ここのトロは美味しいのよ。食べてみて」と、さりげなくおすすめしていただけるとありがたいですね。自分がお招きする側になった際のご参考に！

221 苦手な食べ物を上手に残すには

友人や彼のご実家、レストランなどにお呼ばれしたとき、苦手な食べ物が出ると残してよいか悩みますね。相手の方との関係性により、好みでなくてもいただくのもマナーのひとつ。ただし、「美味しい！」という言葉は、その後もふるまってくださるかもしれないと考えると控えたいもの。

苦手ということを暗にお伝えしたいのであれば、少しだけ召し上がり、「いつもは苦手なのですが、お義母様のはいただけました」などにとどめるのがよいでしょう。

222 苦手なお料理の残し方

お料理に手をつけずに残される場合は、「私、これちょっと苦手なのでよろしければ」とどなたかに召し上がっていただくのもよいでしょう。たとえご自分はいただかなくても、お料理を作ってくださった方、ごちそうしてくださる方に感謝と敬意を表せるのが育ちがいい人です。

アレルギーや、どうしても苦手なものがある方は、前もって招いてくださった友人や彼に伝えておくのが一番安心です。

223 人の手料理に調味料を足すのは失礼？

ご自宅にお招きいただいた際は、レストランとは異なります。出された手料理をひと口も召し上がらないうちに、塩コショウやお醤油、ソース類などをかけてしまっては、「せっかくの素材の味を愉しんでほしかったのに」「味が薄かったかしら？」と思わせてしまい、失礼にあたります。また、品のない行動とも言えますね。

まずは「お出汁《だし》がきいていてとても美味しいです」など、お料理そのものの味をほめた後で、「こちらを足したらまた違った美味しさになるかしら」ともっと愉しみたいというニュアンスのひと言を添えるなど、作ってくださった方に配慮しながら足すようにしましょう。

224 スイーツの袋のオシャレなまとめ方

個包装になった焼き菓子や、おせんべいなどの袋やセロファンは、簡単にまとめておくのが、育ちがいい人です。折っただけでは開いて戻ってしまうこともあるので、細長く折った後、ひと結びしておきます。ここでは、ちょっと粋な結び方をご紹介します。細長く折ったものを次のページの図のようにさらに3回折っていくと、最後に端と端を交差させるだけで、素敵に簡単にまとめることができますよ。

スイーツの袋のおしゃれなまとめ方

1

お菓子の袋を縦に細く折る

2

左側を少し残して、上に折る

3

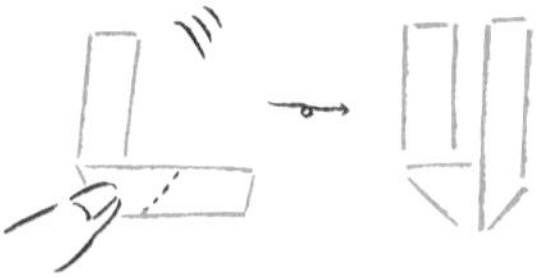

さらに90度回転して、上に折る

4

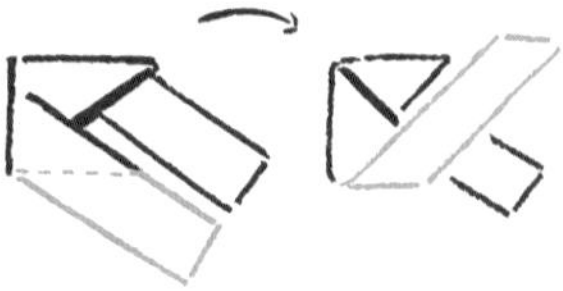

さらに90度回転して、上に折る

5

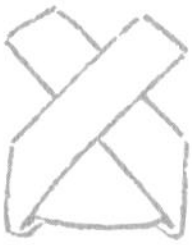

折った部分を下に入れるように
端と端を交差させて完成

225 早く帰ってほしいときは

訪問やお招きの際に、「早く帰ってほしい」または「早く帰りたい」と感じた経験のある方は多いのではないでしょうか。とはいえ、もちろんストレートにお伝えするわけにはいかないので悩むところですね。上手に伝えるポイントをふたつご紹介しましょう。

ひとつは、〝早めに予定を伝えておく〟こと。話が盛り上がると、誰しもお暇を言い出しにくくなるものですが、最初に「このあと、ちょっと銀行に行かなければならなくて。3時ぐらいまで居ていいかしら?」と言っておくと帰りやすくなります。

逆に相手にお帰りいただきたい場合は、「いらっしゃい。どうぞ上がって。今日は私、4時くらいまで大丈夫だから、それまでゆっくりしていってね」と、歓迎ムードと併せて時間を限定しておけば、悪い印象は与えません。

もうひとつは、「あら、もうこんな時間！　私、夕飯のお買い物でスーパーに行くから、駅まで一緒に行かない?」など、〝まだあなたと一緒にいたい〟といったニュアンスで促すと、〝そろそろ帰ってほしい〟とは感じさせない、スムーズなお暇につながります。

226 ガチャッという鍵の音が気になる

訪問先の玄関を出た際、歩き出した途端に「ガチャッ」と鍵をかける音が聞こえたら？　昔ながらの日本人のおもてなしの文化からすると、大変無礼な行動となりますね。失礼で冷たい人という印象も与えてしまいますし、相手の方は「やっと帰ったわ！」と思われているような気分にもなってしまいます。

鍵をかける音はマンションの廊下や庭に意外と響いてしまいます。お客様を不快な気分にさせないために、ひと呼吸置いてから、もしくは音が聞こえない場所まで離れた頃、静かに鍵をかけるようにしましょう。

これは宅配便や郵便などの配達員さんに対しても同様にすべき気配りだと思います。

業者の方への対応

227 自宅で作業してくれる方への応対

修理やお掃除など、自宅へ来て作業してもらうとき、数十分以上かかるような場合は「お茶が入りました。一服どうぞ」と、ある程度切りのよさそうなところでお声がけするのが理想です。

なお、作業中、ずっとそばに居続けては監視をしているようで息がつまりますので、「何かあったら声をかけてくださいね」とお伝えし、つかず離れずの場にいらっしゃるのも気配りでしょう。

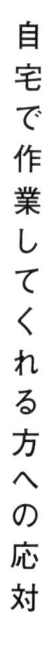

228 宅配の方への心遣い

真夏の炎天下や、凍えるような寒さの下でも気持ちよく荷物を運んでくれる宅配便の配達員の方には本当に頭が下がりますね。私も毎回感謝の気持ちを伝えています。

私が親しくさせていただいている断捨離®提唱者・やましたひでこさんは、「いつもありがとうございます」とよく菓子折りやドリンクセットなどをお渡ししているそうです。

いただきものが多いご家庭でしたら、食べ切れないときなどに、このようなかたちでおすそ分けして感謝と労いの気持ちを伝えられると、お互いにうれしいですね。

229 引越し業者さんへ感謝を伝える

これまで何回か経験した引越しでは、ありがたいことに作業員さんの働きぶりはもちろんのこと、言葉遣い、心遣いなど総合的に大満足な仕事をしてくださる方ばかりに恵まれました。予定になかった作業を遠慮がちにお願いしても「いいですよ！」と快く引き受けてくださり本当に心強く感じました。

私は、荷物を積み込み終え、新居に向かわれるタイミングで「この後もよろしくお願いします。少しですが、お昼ごはんや飲み物でも召し上がってください」と、人数分の心づけをお渡しするようにしています。また、すべて終了した時点で何種類かのペットボトルをお持ち帰りいただくことも。

感謝の気持ちは状況に応じ、言葉で、品物で、チップで……とさまざまな方法で伝えたいものです。

引越し・お祝い

230 引越しの挨拶

以前は、引越しをしたらご近所に挨拶に伺うのはごく当たり前のマナーでした。現在は、「女性の一人暮らしだと知られたくない」「同じフロアの方とほとんど顔を合わせない」など、危険回避やプライバシーを重視する考えから、必ずしもすべきものではなくなっています。

とはいえ、幼いお子さんのいるファミリーの場合は、いつ子どもがお世話なったりご迷惑をおかけするかわからないので、両隣と下の階の方にはご挨拶しておくことをおすすめします。

ぜひお子さんも一緒に「ご迷惑をおかけするかもしれませんが……」とちょっとし

た品を添えてご挨拶を。知らない子だと単に不愉快に感じられてしまう騒音であっても、ひと言挨拶があるだけで好意的に見てくれるようになるものです。

231 進学祝い・就職祝いはどこまであげる？

進学祝い・就職祝いは、「毎年お年玉をあげているお子さん」まで差し上げるというのが目安。受け取る側は、本人はまだ学生なのでやはりご両親が何かしらのお礼をなさるべきかと思います。またご本人も、成長して初めてのお給料でちょっとしたお礼をすれば、お祝いを差し上げた方もうれしいですね。この年代からこのような意識をもって自分を育てていけば、どんどん育ちがいい人に成長していけるはずです。

お見舞い

232 お見舞いのマナー

入院されている方へのお見舞いにはいくつか気をつけるべきポイントがあります。大人としてしっかり確認しておきましょう。

● 滞在時間

15〜20分程度を目安に失礼します。ご本人は疲れてしまっても「帰って」とは言い出しにくいもの。訪問する側の気遣いが必要です。大部屋の場合は周りの方への配慮も忘れず、声の大きさや笑い声には注意を。談話室や面会室でも同様です。

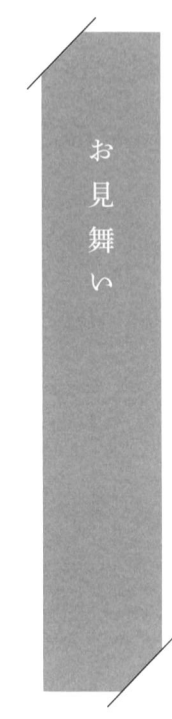

服装

病院には深刻な症状の方もいらっしゃいます。常識として華美な装いは避けましょう。また、香りも患者さんは普段より敏感に感じ、体調を悪くされる可能性も。香水類をつけていくのはNGとなります。

お見舞いの品

古くから定番の生花は、花瓶の用意や毎日の水の交換など手間をかけてしまいますので現在は避ける傾向に。衛生面から禁止している病院も増えてきました。

食べ物は、治療上の制限の有無を確認してからお持ちするように。その際、皮をむかないと食べられない果物や、冷やす必要があるスイーツは避

けたほうがよいでしょう。おすすめは、病院内で手に入る種類が限られている本や雑誌。気晴らしになるので喜ばれる方が多いようです。

●院内での会話に注意

病室のドアを出た後すぐに、同行の方と楽しげに雑談していませんか？　笑い声などが相手の方に聞こえると、置いてきぼりになった気がして寂しさを感じてしまうかもしれません。何気ないことであっても相手の立場に立って考えることが大切です。

233 とにかく駆けつけたほうがいい？

入院中の方はノーメイクで寝巻き姿。シャンプーもままならない状態かもしれません。とくに女性の方のお見舞いは、ご迷惑ではないか確認してからが賢明です。

心配で駆けつけたくなるかもしれませんが、まずはご家族の方などに連絡を取り、ご様子を伺って判断してください。

234 「来ないで」と言われたら

お見舞いに行きたい旨を伝えた際、「たいしたことはないから、わざわざ来ていただかなくても大丈夫よ」と言われる場合があります。

理由があり、本当に会いたくないこともあれば、来てもらいたいけれど遠慮されていることもあります。

判断がつかないときは、「もし伺ってもいい日があったら教えてね」とお聞きしてみてください。

日程を挙げてくださらなかったら伺わないほうがよいと判断できますし、「〇日なら」とおっしゃったら遠慮なく伺えますね。

お中元・お歳暮

235

お中元・お歳暮は送るべき？

お中元やお歳暮は、上司、取引先企業や個人、お仲人《なこうど》さん（お仲人さんには通常5年間、少なくとも3年間はお贈りするのがマナーといわれています）、義理のお父さまとお母さま、おじ、おばなど、お世話になった方へお贈りします。

意外とご存じない方が多いのですが、お中元もお歳暮も「お礼」ですから、お返しは必要ありません。相手に余計な負担や時間をおかけすることもないので、感謝の気持ちをお伝えするのにぴったりです。

236 習い事の先生などへもお歳暮を贈るべき？

子どもの習い事や塾の先生にもお贈りすべきか迷うという声をお聞きします。複数の生徒で習っている場合は皆さんと相談して共同で差し上げても。個別レッスンの場合は贈られる方が多いようです。

それとは別に、初回のレッスン時に「これからよろしくお願い致します」とお品を持参したり、塾の先生へ合格のご報告の際に「御礼」を差し上げることもあります。それがお中元やお歳暮の時期に重なれば、どちらかでもよいでしょう。

237 熨斗《のし》紙の名前は必須？

あまりオーバーにしたくない場合など、熨斗紙を無記名にする場合も多いですが、正式にきちんとお贈りしたい場合は書かれたほうがよいでしょう。いろいろな方からたくさん届く方にとっては判別しやすくもなりますね。またその場合、同姓の方がいらっしゃるかもしれないので、フルネームのほうが親切です。

238 お贈りしていないのに、いただいてしまったら？

「こちらは差し上げていないのにいただいてしまった場合、お返しをすべき？」と迷うこともあります。お中元、お歳暮はあくまでお世話になった側が贈るものですから、基本的には双方で贈り合う必要はありません。お返しも不要です。

気持ちをお返ししたいのであれば「暑中御見舞い」「御年賀」「寒中御見舞い」または「クリスマスギフト」として贈ってもよいでしょう。

いただいた場合、お返しよりも大切なのは、すぐにお礼の気持ちをお伝えすること。贈り手は無事に届いたか、気に入っていただけたかなど気になるものですから、受け取ったらできるだけ早く、電話などでお礼をお伝えしましょう。

また、大切な作法として、お中元をお贈りした相手には、必ずその年はお歳暮も贈るのが礼儀となります。

お歳暮とは、その年にお世話になった方へ、というものです。前半にお世話になったからお中元だけで済ませる……ということではありませんのでご注意ください。

239 LINEのユーザーネームのつけ方

これは私の周りで実際にお聞きする困り事です。

お子さんの幼稚園や学校、習い事の保護者や、ママ友同士の連絡にはグループラインが使われることがほとんどでしょう。そのとき、アイコンがペットの写真だったり、ユーザーネームが知らないニックネームだったりすると、誰だかまったくわからなくなってしまうということ。

ご家族や親しいご友人とプライベートだけで利用されるならどんなものでも構いませんが、親として参加するグループでは、皆さんの苦労も考えて本名にし、できれば顔が認識できる写真を使いましょう。表示名は受け手で変えることができても、手間をかけさせない心遣いが必要です。

Yui
おはよう〜!!
ユキママ
おはようございます
おはよう
えみにゃん
今日も晴れましたね
全員だれ!?

240 SNSで失礼なことを書かれたら？

SNSが普及し、あまり公にしてほしくないことや、失礼なコメント、言いがかりのようなことを書かれたりといったケースも増えてきました。それに対してオープンな場で異議を唱えると、こじれてしまうことがありますから、個人メッセージで伝えるほうがいいかもしれません。

SNS上では、スルーやブロックなどの方法もあります。「参考になります」「ご丁寧にご指摘ありがとうございます」など、大人としてサラッと返しておくのもよいでしょう。

241 「それ投稿してほしくなかった」SNSでの気遣い

「品」や「育ち」とは、自分をコントロールできるか、我慢できるか、という要素が大きいと思っています。私たちは常に「自分を育てる」ことが大切ですね。

ツイッター、フェイスブックなど、今やおそらくほとんどの方が何かしらのSNSを利用していると思います。サイトを開くだけで、誰がいつ、どのようなことをしているかを知ることができますし、「いいね」を押したり、コメントを気軽に書けたりと、メールよりも遥かにコミュニケーションが取りやすくなりました。

しかし、手軽にできるぶん、気づかぬうちにマナー違反をしているおそれも。本人に断りなく、名前や写真を投稿してしまう問題も多発しています。

たとえば、「○○さんのお招きで素敵なカフェに行きました！」という何気ない投稿であっても、「あの人のことは誘ったのに私は声をかけてもらえなかった……」と思う方がいらっしゃるかもしれません。○○さん本人も「このことは知られたくなかった」と困惑するかもしれません。

また、「お友達が落ち込んでいたから励ます会をしました」なども要注意。ひょっとしたら、フォロワーの中にその方の知り合いや仕事の関係者がいらっしゃるかもしれません。公の場にさらされる影響に敏感になり、大人の品のある言動を心がけていたいものです。

column

お受験の合否でわかる「良家」のご両親

毎年、10月、11月になると、私のスクールの電話が鳴り続けます。

そう、「親子・お受験作法教室」へ通ってくださっているご両親さまから、続々と合格発表のご連絡があるのです。私が1年で最もドキドキして落ち着かない時期です。

「先生、○○幼稚園、無事合格いただきました」「○○小学校にご縁をいただけました」と合格通知を手にしたらすぐにお電話が入り、私にとっても飛び上がりたくなるほどうれしい瞬間です。

そして、さらに有難いことに、発表当日や翌日に、改めてお礼のご挨拶にいらしてくださり、喜びを分かち合える幸せもいただいています。「やはり、難関幼稚園や名門小学校に合格されるご両親さまは違う」と実感いたします。

私がさらに感激するのは、残念ながらご希望が叶わなかったご家族さまでです。

1年も2年もお受験に向けてご家族で頑張っていらしたのですから、大きくお力を落とされているでしょう。にもかかわらず、結果が分かった時点でほとんどのお父さま、お母さまがすぐにご報告くださいます。

そのうえ、「我が家の教育方針を夫婦で考え、親子で取り組めた時間は宝です」「1年間、大変お世話になりました。おかげさまで息子は本当に成長いたしました」と、わざわざご挨拶に来てくださるのです。

人は幸せなとき、うまくいっているときには周りに優しくなれますし、礼を尽くすことができます。しかし、その逆の状態のときにこそ、その方の「育ち」や「品格」など、本質がにじみ出るものです。

ご家族にとって大きな出来事であるお受験。その結果にかかわらず、真摯な姿勢を保たれるお父さまとお母さまに、私は敬意を表すとともに、誇りを覚えます。

ビジネスマナーというと堅苦しく考えがちですが、
実のところ上司、取引先、お客様など
立場や上下関係がはっきりしているので、
日常生活のマナーやふるまいよりむしろシンプルです。
基本となるのは、誠実さと信頼を与えられる言動です。
目の前のことに対処するだけではなく、
一歩引いて見ることのできる俯瞰力を養いたいものです。

第7章

仕事

ふるまい

242 上司に呼ばれたときは

オフィスで、「〇〇さん、ちょっと」などと上司のデスクに呼ばれた際、どの位置に立つと感じがよいでしょうか。ビジネスマナーでは、斜め前です。

真横は近すぎますし、真正面に立たれると、座っている人は思わぬ圧迫感を覚えるもの。上司を上から見下ろす格好になってしまうという点でも避けたほうがよいでしょう。斜め前なら、距離感も圧迫感もほどよい位置となります。ちょっとしたことですが、あなたの印象が左右される場面です。

243 エレベーターでのご案内どちらが先に乗る？

お客様をエレベーターでご案内するシーンでは、乗るときも降りるときも、基本的にお客様が先。「どうぞ」とお客様を中へ誘導し、続いて自身も乗り込み、操作盤の前に立ちます。到着したら、「開」ボタンを押しながら先に降りていただきます。

ただし、お客様が複数の場合は、乗り込む途中にドアが閉まってしまうおそれもありますので、自分が先に入り「開」ボタンを押してお客様方を誘導してください。

ここで、あなたの心遣いが問われます。先にエレベーターを降りるお客様が迷わないよう、「降りられたら、右にお進みください」とひと言お伝えして差し上げましょう。

244 コートの掛け方

取引先を訪問したとき、あるいはカフェでの打ち合わせなど、脱いだコートをどこに置いていますか？

最も遠慮の気持ちを表すのが、バッグの上に置くというもの。目上の方と一緒のときや、ビジネスなどではこれが最適です。次は、自分の座っている椅子の座面の後ろに置いたり、背に折るようにして掛けるもの。そして、最もカジュアルなのが、椅子に着せるようなかたちで掛けるというもの。こちらは、親しい友人と一緒のときの掛け方と覚えておきましょう。

245 訪問先でのバッグの置き方

改まった訪問先や目上の方のお宅などでは、バッグを置く場所は、以下の順で謙遜の気持ちを表すことができます。

❶椅子の脇の床→❷椅子の背→❸隣の椅子・ソファの脇

なお、底鋲《そこびょう》付きのバッグや、大きめのトートバッグなど、外出先で下に置いていることを想像させるバッグ類は、椅子やソファを汚してしまうことがないよう、床に置くのが好ましいでしょう。

246 ビジネスシーンでの手土産はどうする？

複数の従業員がいらっしゃるオフィスへは、わざわざナイフで切り分けるなどの手間がかからない、個包装された手土産が基本。では、その他どんな点に留意したらよいでしょうか？ 全員がその日や翌日に召し上がるとは限らないので、ある程度日持ちするものが適しています。また、冷蔵、冷凍のものはオフィスに冷蔵庫や冷凍庫があるか、すぐに召し上がっていただける環境か、などを確認してから選びましょう。

247 手土産が本人に渡っているか確認してもいい？

以前、お世話になっている和食店の店主さんに手土産をお持ちし、「こちら、○○さんにお渡しいただけますか？」と別のスタッフの方にお願いしたことがありました。

○○さんはとても丁寧な方なので、受け取られたらその旨ご連絡があるはずですが、その後も音沙汰がなく気になった経験があります。きっと、同じような経験のある方もいらっしゃるのでは？

のちのち心配になる場合や、何かのミスでご本人に渡らない可能性があることを考えると、「本来でしたらお目にかかって直接お渡しすべきところでしたが……。先ほどスタッフの方に預けさせていただきましたので、どうぞ召し上がってください」などと、早めにご本人に告げておくのもひとつです。

ただし、「さり気なさに欠け〝粋〟でない」と感じる方はお預けしたままでよいでしょう。

248 携帯電話・スマートフォン

会議や打ち合わせでテーブル上に携帯を置くことは、以前は、マナー違反とされていました。しかし昨今はノートパソコンやタブレットと同じように、案件についてスマホで確認する場面も増え、業種、職種によってはごくあたりまえの光景となっています。ここで大切なのは、同席の方が違和感を持たないということ。

相手の方の業種や年代によっても、与える印象はさまざまです。また、初対面の名刺交換の直後、いきなりテーブルの上に置いてしまうのは配慮が足りません。「○○に使用しますので」などひと言断りを入れるのがエチケットであり、育ちのよさを感じさせる瞬間でもあります。

249 ノベルティグッズは使わない

メモ帳、ボールペン、クリアファイル……企業や団体のノベルティグッズ。気に入ったものであっても、信頼ある大人として臨みたい大切な場面では、使わないのが賢明でしょう。ビジネスで使用する文具は、相手からの信用を左右することもありますから、上質なものを用意しておきたいものです。

250 考えるときは天井を見ない

何か尋ねられ、「えー……」「そうですね……」と考える際や、何かを思い出すときの、ご自分の視線の癖をご存じですか？　圧倒的に多いのは、じっと天井を見つめて考える姿です。

人に不快感を与えたり失礼な目線ではありませんが、ビジネスシーンでは、上を見上げる姿は子どものように映り、自信がないように感じさせてしまうので、気をつけたいもの。

また、相手の目をじっと見つめながら考えるのも圧迫感を与えます。視線をずっと向けられた方は戸惑ってしまいますから、しばらく考える際は、手元や斜め下あたりに視線を落とすのがよろしいでしょう。

251 社内の人とすれ違うときに育ちがわかる

会社の廊下や階段で社内の人とすれ違ったとき、たとえ相手が面識のない人でもナチュラルに会釈できるのが育ちがいい人。こうすることであなたの印象だけでなく、社内の雰囲気までもまったく違うものになります。

私が最初に勤めた丸の内の会社では、どこでどなたとすれ違っても「こんにちは」と声に出して会釈する文化が根づいていましたが、後に、某プロジェクトで数カ月間、別の企業で勤務した際、どなたもまったく挨拶なし、目も合わせないことにショックを受けたのを覚えています。

みなさんの勤務先がもし後者であったなら、少し勇気を出してあなたから軽い会釈を始めてみませんか？ それが部署内、フロア、会社全体に広がったら……なんて素敵なことでしょう！

名刺交換

252 名刺交換

名刺交換は、ビジネスマナーでもよく取り上げられるシーンです。失礼にあたることをしてしまっていないか、今一度チェックしてみてください。

・名刺入れがないのはビジネスパーソン失格

名刺交換の際に名刺入れを使用していない方は信用を下げます。名刺はその方自身と同じです。それをきちんと保管していないのはビジネスに対する姿勢が疑われますし、さらには、相手の名刺もどこにしまうのか？ と不安にさせます。手帳やお財布、ましてやポケットなどはもってのほか。ぜひ、質のよい名刺入れをご用意ください。

・名刺入れの選び方

名刺入れもセンスの見せどころですが、自分の趣味だけではなく、ビジネス相手に好印象を持っていただくことを念頭に選びましょう。

過度にデコラティブなものやキャラクター、ブランドロゴが大きく入ったものは万人受けしません。また、ベルトやスタッズ付きのものはいただいた名刺を乗せる際に不安定になります。

使い勝手がよく、やり取りがスムーズに運ぶという観点から、革の二つ折りか三つ折りタイプがおすすめです。

・交換時の距離感

名刺交換の際、相手に近づきすぎるとお辞儀もままならず、スマートさに欠けた所作になってしまいます。適度な距離感は、どんなときも必要です。

●なぜバウンドさせるの？

「わたくし、こういう者です！」と名刺をポンッとバウンドさせ、相手に差し出す――ドラマなどで見る、昭和のオジサマの名刺交換といったイメージですね。しかし、お若い方や女性でもごくたまにいらっしゃるのです。

スマート、エレガントとはいえない所作となりますので、癖になっている方は、気をつけてくださいね。

●訪問者・下の者から先に渡す

たとえ同時交換であろうと、立場や地位、年齢が下の者から一瞬でも先に名乗り、名刺を差し出すのがマナーです。

また、どちらかの会社で交換する場合は、基本的に訪問者からお渡しします。相手の会社におじゃまするのですから、訪ねた側から名乗るのは当然ですね。

なお、それらの要素が複雑に混ざり合っている場合も多々あるでしょう。総合的に立場を考え、迷ったら「まずは自分から」と覚えておけば間違いありません。

253 名刺交換より大切なこと

初対面の挨拶のとき、名刺が見つからず、「あれ？　えっと、名刺……」とバッグの中からポケットまであらゆる所を探し始め、相手の方をお待たせしてしまう光景は、誰しも見たことがあるでしょう。

名刺が見つからないときは、まずは挨拶を最優先に。少し探して見つからなければサッと相手に近づき向き合い、「初めまして。○○会社の○○と申します」と名乗って相手の名刺をいただき、「頂戴いたします。恐れ入ります、名刺は後ほど……」など、お詫びを告げてから探したほうがずっとスマートで気持ちのよいものです。

名刺に頼り切った挨拶しかできない方は、あたりまえの大人の対応ができていないと評価を落とすかもしれません。

伝え方

254 「今日中にお願いします」は失礼？

社内でも社外の方へでも「どうしても、今日中に仕上げてほしい！」と無理なお願いをしなければならないとき、どのように伝えますか？　「大変恐れ入りますが、こちらを本日中にお願い申し上げます」など、たとえ丁寧に言ったとしても、本日提出が前提、断定しているように受け取られ、実は感じがよくありません。

「私ができるのであればあなたのお手を煩わせませんが、また、お忙しいのは重々承知していますが、なんとかお願いできませんでしょうか？」という気持ちをしっかりとお伝えするようにしましょう。語尾を〝疑問形〟にして相手にご判断いただくかたちがおすすめです。

「いつも急なお願いにご対応いただいてありがとうございます。今回も申し訳ないのですが……」など、相手に感謝をお伝えしてから相談すれば、気持ちよく引き受けてくださる可能性も高まります。また、「何か私に手伝えることがありましたら」というひと言が添えられれば、なお好感を持っていただけます。

255 カドのたたない急かし方

約束の時間になっても、お願いしていた書類が来ない――催促したいとき、言いにくいからと「その後、いかがですか?」など、遠回しに進捗《しんちょく》を尋ねていませんか?このように聞いてしまうと、「実は……」とできない理由に話が及んでしまいますし、その理由が「体調が悪い」などであれば、ますます急かしづらくなってしまいます。

この場合、進捗や理由を尋ねるかたちではなく、「本日18時までの●●の件、お待ち申し上げております。お忙しいところ恐れ入りますが、宜しくお願いいたします」とだけお伝えしましょう。ビジネス上の約束であれば、気を使い過ぎず、ある程度クールさを保つのも仕事がデキる大人です。

256 早く帰りたいけど、帰りづらい

プライベートの約束があるから早く帰りたい。今日は子どものお迎えがあるから16時には出なければならない……など早く退社したいとき、他の人が忙しそうだと気が引けてしまい、言い出しにくいものです。

そこで、「本日は○○があるので、恐れ入りますが16時には失礼させていただきます」と事前に告げておくことをおすすめします。会議などであれば、キーパーソンの方に事前に伝えておき、時間がきたらその方に目配せをして退出すればスムーズです。

257 仕事を断りたいときは

すでにキャパオーバーなのに、上司に頼まれた仕事を断れない、という人は多いものです。しかし、できないのに引き受けてしまっては、結局、自分も相手も困ることになりますから、正当に適切に断ることは双方にとって大切なこと。ただし、言い方

には工夫が必要です。

「忙しいので、できません」とはっきり言うのではなく、「現在手いっぱいなので、ご相談させていただけますか？」「重要な業務でミスはできないので、詰め込みすぎると不安です」など、やる気はあるけれど状況的に難しいので解決策を相談したい、というニュアンスで伝えてみてはいかがでしょう。

いつでも自己犠牲の精神で「わかりました」と受け入れるのが育ちがいい人ではありません。状況や、自分の考えをきちんと伝えられる人のほうが、信頼され、責任感のある人と評価されるでしょう。

258 「要領がいい」はほめていない

「要領がいい」は、「調子がいい」「ちゃっかりしている」「ずる賢い」などの意味も含み、非難するときにも使われます。ほめているつもりでも、言われた方はなんだかモヤモヤしてしまいますから、ほめ言葉としては使わないほうが無難です。「仕事が速いですね」「段取りがよくて羨ましい」など、誤解のないよう言い換えましょう。

259 目上の人に失礼になる言葉

普段、何気なく使っている言い回しが、言われた人にとっては失礼と感じることも。注意すべきものを記しますので、一緒に確認してみましょう。

- お世話様です ―→ いつもお世話になっております
- ご苦労様です ―→ お疲れ様でございます
- ご一緒します ―→ お供させていただきます
- 感心しました ―→ 感銘を受けました
- 参考になります ―→ 勉強になります
- すごい ―→ 非常に、とても、大変
- おわかりいただけましたか ―→ ご理解いただけましたでしょうか

260 「あとにして」の上手な伝え方

今、忙しい、余裕がないというとき、つい口から出てしまうのが「すみません、今はちょっと……」「あとにしてもらえます？」という言葉。

このような場合、お手伝いできないのがいつまでなのか、何時間後、何日後ならできそうなのかをセットでお伝えするのが仕事ができる人。「今、締め切りの案件があるので、30分後でいいですか？」「今日は手一杯なので、明日の朝一でよろしいでしょうか？」など。

断りづらいからと返事を濁されると、意に反して相手は拒否されたように感じてしまいます。お互いにノンストレスな言葉選びが大切ですね。

261 言いにくいことを伝えるとき

「本当はこんなこと言いたくないんだけど」「余計なお世話かもしれないけど」「あなたのためを思って言うけど」「前から思っていたんだけど」――これらの枕ことばを聞くだけで、何か注意される、叱られる、文句を言われる、耳が痛いことを言われる、と身構えてしまいますね。

言いにくいことをお伝えしなければならないときは、「私も自信がないんだけど」「勘違いかもしれないけれど」から始めて、「もしかしたらなんだけど、○○じゃない？」というニュアンスでお伝えしてみては。

たとえば、ちょっと香水がきつい同僚には、「あ、もしかしたら今日香水つけ過ぎた？」と、たった今気づいたように言うことで、前々からそう思われていた……と、傷つける心配も減るはずです。

人に注意を促す際は、いつも以上に言葉や伝え方に配慮したいですね。

メール・オンライン

262 名前を書かないメールはNG

私のスクールや私個人宛に届くメールでも、ご自身のお名前が書かれていないことがしばしばあります。そんなときはメールアドレスから過去の履歴を辿って検索し、「ああ、○○さんでしたのね！」とやっと判明することも。

名字だけを書かれている場合も、同じ名字の方がいらっしゃると、やはり調べるのに時間を要します。頻繁にやりとりをしているのでなければ、相手の理解や手間を想像し、配慮したいものです。

263 メールの件名は適度に変更する

メールの件名はひと目見ただけで本文の概要が理解できることが大切です。あまりに的外れな件名のままいつまでも送り続ける方は、雑な印象を与えてしまいますし、内容と相違があると見落としたり混乱させたりしてミスにつながるおそれも。相手が理解しやすく、探しやすいよう配慮しましょう。やり取りが長くなる場合は、混乱しないよう話題が移ったタイミングで適切な件名に変更を。

逆に、同じ案件についてのやり取りなのに、毎回新しい件名にするというのも、考えもの。過去のメールをすべて開き直さなければ、それ以前のやり取りがわからず、かえって手間がかかることもあります。臨機応変に判断しましょう。

264 オンライン会議で、飲み物を飲んでいいの？

礼儀をわきまえた方ほど、オンラインの打ち合わせの際、飲み物を飲んでいいのか？と悩まれます。

まずは、リアルの会議でどうだったか？と考えてみましょう。自分より目上、上司、クライアント側の方が飲んでいるのであれば、その方が話しているときを除き、飲んでもよいでしょう。

ただし「育ちがいい人」でしたら、「おそれいります、ちょっと水を飲ませていただきます」や「すみません、お水を飲んでもよろしいですか？」などひと言ほしいもの。あなたの丁寧さ、誠実さなどの印象がグッと変わります。

なお、面接や初対面、あるいは目上の方のみとの打ち合わせであれば、当然控えるのが無難です。

おわりに

本書を読み終えられ、「これを試してみたい」と思っていただけたことがございましたでしょうか？

ここで、私のスクールにいらしていた生徒さんのご体験をお話しさせていただきます。

もともと婚活を目的に受講されていた30代、会社員の女性Sさんですが、ある日「昨日習ったことを試してみよう」と、上司へ書類を渡す際にレッスン通りの所作をなさったそうです。

すると、ギクシャクしていて良好とは言えなかった上司との関係性が、たった一度、丁寧で美しいふるまいをしただけで一変。それまでの高圧的な接し方が逆に好意的になり、擁護してくれるようになったり、ランチまでご一緒するようになったとのこと。

Sさんご自身も思いがけない変化、効果に大変驚いていました。しかし、私が驚いたのは、その上司の方が女性だった、ということです。異性、同性を問わず、「育ちがいい」ふるまいは人を心地よくしてくれるものなのですね。

Sさんのように、ほんの何秒かの、たった一回の所作であっても、印象や感情、評価は大きく変わるのです。言葉以前の所作・ふるまいが伝えるメッセージの強さを改めて実感した出来事であり、私自身も、ほんのわずかな瞬間でも丁寧な生き方を心がけていきたい、と我が身を律する思いがいたしました。

「ああ、こういうところに〝育ち〟って出るんですね」という生徒さんもいらっしゃるように、手土産を渡すという行為ひとつとっても、手提げ袋の扱い方から、お渡しする際の間の取り方、エレガントで丁寧な手や指先の所作、お辞儀の角度、目線に至るまで……いくつものポイントやコツがあります。

なんとなく気になっていたけれど、わからないままだった。意識してやったことはなかった……ということは多いもの。実は、「育ちがいい人」との違いはそこだけ。知ってしまえば簡単なことなのです。本書の中で「まずはこれを」と思われたことを、ぜひあなたも今日から試してみてくださいね。

前作『「育ちがいい人」だけが知っていること』の発刊より、「長年のコンプレックスがなくなり、楽になった」「子どもの頃のことになぜこだわっていたのか、と今では不思議に思えます」「これから、私の『理想の育ち』に自分を育てていきます！」と、励みになるメッセージをたくさんいただきました。

「育ちは変えられる」という私の思いがみなさまの心に響いたことをうれしく感じるとともに、私自身も常に自分を育てていきたい、との思いが強まりました。

本書を読み終えていただいた今、「なりたい自分・理想の自分に育てていける」という希望や目標を持ってくださったら――著者としてこの上ない喜びです。

あなたの理想の「育ち」へ。

今、その一歩を踏み出しましょう。

マナースクール〈ライビウム〉代表
諏内えみ

[著者]
諏内えみ（すない・えみ）
「マナースクール ライビウム」
「親子・お受験作法教室」代表

皇室や政財界をはじめとするVIPアテンダントの指導などを経て、「ライビウム」を設立。「ハッとさせる美しい立ち居ふるまい」「また会いたいと思わせる会話術」「和・洋テーブルマナー」「婚活レッスン」など、人気講座多数。なかでも、難関幼稚園、名門小学校の第一志望合格率95％の「親子・お受験作法教室」は、「にじみ出る育ちのよさと、品」が身につくと話題。日本テレビ系「世界一受けたい授業」、フジテレビ系「ホンマでっか!?TV」、NHK「あさイチ」など人気テレビ番組をはじめ、雑誌・ラジオなどメディア出演多数。また、映画・ドラマでの女優へのエレガント所作指導や、一部上場企業トップ陣、政治家へのマスコミ対応トレーニングにも定評がある。YouTube「諏内えみチャンネル」などでも幅広く活躍中。著書に、『「育ちがいい人」だけが知っていること』（ダイヤモンド社）、『知らないと損をする男の礼儀作法』（SB新書）、『良家の子育て』（毎日新聞出版）、「世界一美しいふるまいとマナー」（高橋書店）など多数。

もっと！「育ちがいい人」だけが知っていること

2021年9月28日　第1刷発行
2021年10月13日　第2刷発行

著　者――諏内えみ
発行所――ダイヤモンド社
〒150-8409　東京都渋谷区神宮前6-12-17
https://www.diamond.co.jp/
電話／03･5778･7233（編集）　03･5778･7240（販売）

ブックデザイン―小口翔平＋加瀬梓＋須貝美咲（tobufune）
カバーイラスト―須山奈津希
本文イラスト―はしのちづこ
ＤＴＰ―――アイ・ハブ
校正――――鷗来堂
製作進行――ダイヤモンド・グラフィック社
印刷／製本―三松堂
編集協力――小嶋優子
編集担当――長久恵理

ISBN 978-4-478-11435-3